시가 나에게 살라고 한다

필사집

시가 나에게 살라고 한다 필사집

엮은이 나태주
펴낸이 임상진
펴낸곳 (주)넥서스

초판 1쇄 발행 2025년 11월 1일
초판 4쇄 발행 2026년 1월 10일

출판신고 1992년 4월 3일 제311-2002-2호
10880 경기도 파주시 지목로 5
Tel (02)330-5500 Fax (02)330-5555

ISBN 979-11-24028-14-8 03810

저자와 출판사의 허락 없이 내용의 일부를
인용하거나 발췌하는 것을 금합니다.

가격은 뒤표지에 있습니다.
잘못 만들어진 책은 구입처에서 바꾸어드립니다.

www.nexusbook.com
&(앤드)는 (주)넥서스의 문학 브랜드입니다.

시가 나에게 살라고 한다 필사집

나태주 엮음

작가의 말

당신 인생의 살가운

길동무 되어주기를

나의 최종 학력은 고졸입니다. 옛날 학제로 초등학교 교사를 양성하는 '사범학교'란 학교. 지금은 없어진 학교. 그 학교 1학년, 1960년, 15세 때에 처음으로 『청록집』이란 시집을 빌려다 베껴 썼습니다. 그것이 시 베껴 쓰기의 시초였습니다.

도대체 학력도 모자라고 시를 가르쳐주는 선생님이나 선배도 없고 막막한 처지의 아이에게 시를 베껴 쓰는 일보다 더 좋은 방법이 어디 있었을까요? 누가 일러주어서 그런 게 아니고 달리 방법이 없어서 자생적으로 그렇게 한 것입니다.

그것이 끝내 나의 길이 되었고 나의 길동무가 되었고 이렇게 멀리까지 오는 깃발이 되었고 이정표가 되었습니다. 처음에는 알지 못했던 일이고 짐작조차 하지 못했던 일입니다. 그러나 시를 베끼다 보면 나 스스로 시에 푹 빠지는 걸 느끼곤 했습니다.

시와 내가 하나가 되는 것이지요. 이것은 참 놀라운 일이고 신비한 경험입니다. 그러기에 나는 지금도 좋은 문장만 보면 서슴없이 베낍니다. 시 공부에 그 이상 더 좋은 방법이 없기 때문입니다. 더 나아가 나는 좋은 문장을 만나면 그것을 외우려고 애씁니다.

특히 고전의 문장을 외우면 여러모로 좋은 일이 일어납니다. 좋은 문장은 덕성이 있어서 외우고 외우다 보면 내 사고의 틀이 문장의 내용을 닮아가게 되고, 드디어 내가 말하고 쓰는 문장이나 어법까지도 고전의 문장을 닮아가는 놀라운 변화를 느낍니다.

정말로 좋은 인생을 꿈꾸십니까? 그렇다면 좋은 문장을 가까이하며 읽고, 베끼고, 드디어 외우기까지 해보십시오. 분명히 자신도 모르게 그 좋은 문장이 우리를 자신의 곁으로 이끌어줄 것이며 자신을 닮도록 도와줄 것입니다.

좋은 글 베끼기는 좋은 글 쓰기의 기본이며, 아름다운 인생을 살아가는 데 필수적으로 있어야 할 전제 조건이며 필요 적절한 삶, 그 자체입니다. 더하여 나는 말하기도 합니다. 나에게 시가 없었다면 분명히 지금의 나보다는 훨씬 나쁜 상태의 내가 되었을 것이라고 말입니다.

애당초 나는 살기 위해서 시를 읽었고 살기 위해서 시를 썼습니다. 나의 시 베껴 쓰기도 마찬가지로 삶의 한 행위로서의 베껴 쓰기였습니다. 이런 마당에 나는 나의 사랑하는 독자들에게도 진언進言하고 싶습니다. 진정으로 아름다운 인생을 꿈꾸고 가지런한 인생을 원하십니까?

그렇다면 당신도 좋은 시를 골라서 읽고 시를 외우고 또 베끼기도 해보십시오. 그러다 보면 마음이 차분히 가라앉으면서 보이지 않던 풍경들이 보이기 시작할 것이며 들리지 않던 내면의 소리가 들리기 시작할 것입니다. 이 얼마나 놀라운 일입니까?

  이 시집은 내가 평생 마음에 새기며 좋아했던 시들을 모은 시집입니다. 나를 살린 시들이라 하겠습니다. 이 시집이 당신에게도 가서 당신을 살리고, 당신 인생의 살가운 길동무가 되어준다면 얼마나 좋을까요! 간절히 바라며 머리 조아려봅니다.

2025년 초겨울
나태주 씁니다.

 차례

1.
그래도 괜찮아 나는 빛날 테니까

- 14. 나는 반딧불 _ 정중식
- 20. 삶이 그대를 속일지라도 _ 알렉산드르 세르게예비치 푸시킨
- 24. 낙화 _ 이형기
- 30. 방문객 _ 정현종
- 34. 갈대 _ 신경림
- 38. 세월이 가면 _ 박인환
- 44. 석류 _ 이가림
- 50. 섬 _ 정현종
- 54. 우화의 강 _ 마종기
- 60. 비망록 _ 문정희
- 64. 강 _ 구광본
- 68. 봄 _ 이성부
- 72. 물망초 _ 김춘수
- 76. 그 겨울의 시 _ 박노해
- 80. 밤하늘에 쓴다 _ 유안진
- 84. 밤하늘 _ 차창룡
- 90. 별 _ 이병기
- 94. 별 헤는 밤 _ 윤동주
- 102. 물이 되는 꿈 _ 루시드 폴

2.

눈물겹고 애틋한 너에게

112. 우리들의 천국 _박준
116. 그리하여 어느 날, 사랑이여 _최승자
122. 나룻배와 행인 _한용운
126. 사랑의 역사 _이병률
130. 푸른 밤 _나희덕
136. 선운사에서 _최영미
140. 내 마음을 아실 이 _김영랑
144. 우연 _쉬즈모
148. 나와 나타샤와 흰 당나귀 _백석
154. 첫사랑 _요한 볼프강 폰 괴테
158. 행복 _유치환
164. 바람의 말 _마종기
168. 부부 _함민복
172. 소녀상 _송영택
176. 가을의 노래 _박용래
182. 그리움 _이용악
186. 상처 _조르주 상드
190. 너는 한 송이 꽃과 같이 _하인리히 하이네
194. 장미와 가시 _김승희
200. 그 사람을 가졌는가 _함석헌

3.

바람이 분다… 살아야겠다

208. 눈이 온다 _신경림
212. 해마다 봄이 되면 _조병화
218. 아버지의 마음 _김현승
224. 엄마가 휴가를 나온다면 _정채봉
228. 어린것 _나희덕
232. 대숲 아래서 _나태주
238. 길 _김기림
244. 살아야겠다 _폴 발레리
248. 시월에 _문태준
252. 떠나가는 배 _박용철
256. 서시 _윤동주
260. 어머니께 _헤르만 헤세
264. 따뜻한 봄날 _김형영
270. 청포도 _이육사
274. 먼 길 _윤석중
278. 30년 전 _서정춘
282. 가을 _라이너 마리아 릴케
286. 감각 _장 니콜라 아르튀르 랭보
290. 초혼 _김소월
296. 그리움 _유치환

4.

삶이 너에게 해답을 주리라

302. 담쟁이 _도종환
306. 봄은 고양이로다 _이장희
310. 쉽게 쓰여진 시 _윤동주
316. 빈집 _박형준
322. 한낮에 _이철균
326. 풀잎 _박성룡
330. 바람 부는 날 _박성룡
334. 항아리 _임강빈
338. 꽃자리 _구상
342. 낙화 _조지훈
348. 꽃씨와 도둑 _피천득
352. 산에 언덕에 _신동엽
356. 감처럼 _권달웅
360. 술 노래 _윌리엄 버틀러 예이츠
364. 달, 포도, 잎사귀 _장만영
368. 젊은 시인에게 주는 충고 _라이너 마리아 릴케
372. 행복 _헤르만 헤세
376. 마지막 기도 _레프 니콜라예비치 톨스토이
380. 어느 무신론자의 기도1 _이어령

1.

그래도 괜찮아 나는 빛날 테니까

나는 반딧불 · 정중식
삶이 그대를 속일지라도 · 푸시킨
낙화 · 이형기
방문객 · 정현종
갈대 · 신경림
세월이 가면 · 박인환
석류 · 이가림
섬 · 정현종
우화의 강 · 마종기
비망록 · 문정희
강 · 구광본
봄 · 이성부
물망초 · 김춘수
그 겨울의 시 · 박노해
밤하늘에 쓴다 · 유안진
밤하늘 · 차창룡
별 · 이병기
별 헤는 밤 · 윤동주
물이 되는 꿈 · 루시드 폴

나는 반딧불

정중식

나는 내가 빛나는 별인 줄 알았어요
한 번도 의심한 적 없었죠
몰랐어요 난 내가 벌레라는 것을
그래도 괜찮아 난 눈부시니까
하늘에서 떨어진 별인 줄 알았어요
소원을 들어주는 작은 별
몰랐어요 난 내가 개똥벌레라는 것을
그래도 괜찮아 나는 빛날 테니까
나는 내가 빛나는 별인 줄 알았어요
한 번도 의심한 적 없었죠
몰랐어요 난 내가 벌레라는 것을
그래도 괜찮아 난 눈부시니까
한참 동안 찾았던 내 손톱
하늘로 올라가 초승달 돼 버렸지
주워 담을 수도 없게 너무 멀리 갔죠
누가 저기 걸어놨어 누가 저기 걸어놨어
우주에서 무주로 날아온
밤하늘의 별들이 반딧불이 돼 버렸지
내가 널 만난 것처럼 마치 약속한 것처럼

나는 다시 태어났지 나는 다시 태어났지
나는 내가 빛나는 별인 줄 알았어요
한 번도 의심한 적 없었죠
몰랐어요 난 내가 벌레라는 것을
그래도 괜찮아 난 눈부시니까
하늘에서 떨어진 별인 줄 알았어요
소원을 들어주는 작은 별
몰랐어요 난 내가 개똥벌레란 것을
그래도 괜찮아 나는 빛날 테니까

나는 반딧불 ──── 정중식

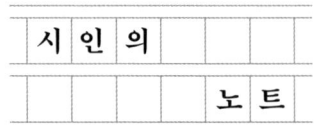

뒤늦게야 보고 들었다. 황가람이라는 가수. 그가 부른 「나는 반딧불」이라는 노래. 무슨 노래가 그렇게 처절한가? 짐짓, 가슴이 멎는 줄 알았다. 미성도 아닌 목청으로 뿜어내는 노래는 그대로 통곡이고 하소연이고 절규 그 자체였다. 궁금한 김에 인터넷을 뒤지고 뒤져 '유퀴즈'에서 보고 '세바시'에서 다시 보았다. 그야말로 인간 승리 그 자체였다. 이 풍요롭고 총천연색으로 휘황찬란한 시대에 이런 흑백 필름, 필름 카메라로 찍은 것 같은 깊숙하면서도 고전적인 음성을 휘날리는 가수가 다 있었단 말인가. 하지만 그 이전에 노랫말이 일품이었다. 작사자로 알려진 정중식 씨가 시인이 아니라도 좋다. 이는 시보다 더 좋은 시작품이다. 시를 넘어선 시다. 실상은 시 가운데도 가장 좋은 시가 노래가 되는 것이다. 이 시는 상상력이 활성화되어 있어 우리의 마음을 우주 끝 별나라까지 끌어올렸다가 꽈당, 지상의 한 지점인 무주(전라북도)라는 곳으로 내려꽂는다. 그럴 때 우리의 마음 또한 비상과 추락을 함께 나눈다. 글쎄. 나는 눈물 흘렸지 뭔가. 무명 시절의 자신에게 무슨 말을 해주고 싶은가, 유재석 씨가 물었을 때, 황가람 씨는 이렇게 답하는 것을 들었다. "가치 있는 일은 그렇게 쉽게 이루어지는 게 아니니까 너무 서둘지 말라고 말해주고 싶어."

나를 살리는 문장

미래를 안을 일이고 희망을 안을 일입니다. 자기 안에서 가능성을 찾으면서 인생의 이정표로 삼아야 합니다. 인생이 무시워 지레 기죽을 일은 없습니다. 과감하게 자기 인생을 열어나갈 일일 테죠. 당신이 꿈꾼다면 바로 당신이 청춘의 사람입니다.

삶이 그대를 속일지라도
알렉산드르 세르게예비치 푸시킨

삶이 그대를 속일지라도
슬퍼하거나 화내지 말라!
슬픈 날을 참고 견디면
머지않아 기쁨의 날이 올지니.

마음은 언제나 내일에 살고
오늘은 우울하고 슬프기도 한 것!
모든 것들은 한순간에 지나가고
지나간 것들은 또다시 그리워지리니.

삶이 그대를 속일지라도 ─── 알렉산드르 세르게예비치 푸시킨

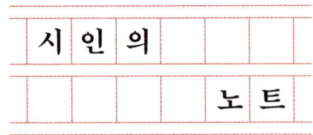

언제부터 이 문장을 보아왔는지 모른다. 일찍이 시골 이발소 벽에도 붙어있었고 결혼을 하여 신접살림을 차린 신랑, 신부의 방에도 걸려있던 문장이다.

많은 위로가 되었을까? 오늘은 어차피 글렀으니 내일을 꿈꾸면서 살라는 먼 나라 시인의 충고. 지금도 이 문장에 마음이 사무치는 건 아무래도 머지않아 오리라던 그 '기쁨의 날'이 아직도 내게 오지 않은 까닭인가 한다.

나를 살리는 문장

시를 통해서 본 세상만이

진짜 나의 세상이고

시에 비쳐진 모습만이

진짜 나의 모습이다.

낙화

이형기

가야 할 때가 언제인가를
분명히 알고 가는 이의
뒷모습은 얼마나 아름다운가.

봄 한철
격정을 인내한
나의 사랑은 지고 있다.

분분한 낙화……
결별이 이룩하는 축복에 싸여
지금은 가야 할 때,

무성한 녹음과 그리고
머지않아 열매 맺는
가을을 향하여

나의 청춘은 꽃답게 죽는다.

헤어지자

섬세한 손길을 흔들며
하롱하롱 꽃잎이 지는 어느 날

나의 사랑, 나의 결별,
샘터에 물 고이듯 성숙하는
내 영혼의 슬픈 눈.

낙화
——
이형기

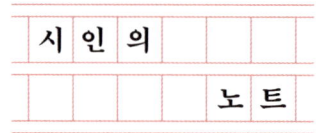

시인의 노트

    세상에는 돌출적인 인물이 더러 있다. 그들을 우리는 '천재'라고 부른다. 이형기 시인도 시인들 나라에서는 천재 가운데 한 분이다. 고등학교 시절, 17세 나이에 시인으로 등단(1950년 『문예』 추천)했다는 기록이다.

    무릇 좋은 시에는 신이 주신 문장, 영혼의 울림이 있는 문장이 들어있기 마련인데 이 시의 첫 문장 '가야 할 때가 언제인가를/ 분명히 알고 가는 이의/ 뒷모습은 얼마나 아름다운가'가 바로 그것이다.

    이렇듯 좋은 시는 우리들 삶에 지침을 준다. 맑지 않은 인생. 고달프기만 하고 평온하지 않은 인생. 그런 인생의 한가운데서라도 맑은 인생을 꿈꾸게 하고 평온을 가슴에 안게 한다. 여릿여릿 어지럽게 걸어온 나의 지난날. 이 한 편의 시가 나와 동행했다는 것을 이제 와 새삼 가슴에 감사함으로 안는다.

나를 살리는 문장

소낙비 내리듯 벚꽃 떨어지듯 쏟아진 것이 아니라
이슬비 내리듯 가랑비 내리듯 한 잎씩 두 잎씩
누군가의 가슴속으로 떨어져 내린 꽃잎, 꽃잎.

방문객

정현종

사람이 온다는 건
실은 어마어마한 일이다.
그는
그의 과거와
현재와
그리고
그의 미래와 함께 오기 때문이다.
한 사람의 일생이 오기 때문이다.
부서지기 쉬운
그래서 부서지기도 했을
마음이 오는 것이다—그 갈피를
아마 바람은 더듬어 볼 수 있을
마음,
내 마음이 그런 바람을 흉내 낸다면
필경 환대가 될 것이다.

방문객 —— 정현종

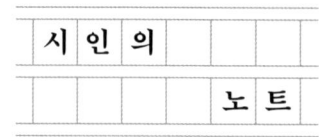

시인의 노트

    좋은 시는 한 줄의 문장으로 사람을 압도한다. 이 시도 그렇다.
    '사람이 온다는 건/ 실은 어마어마한 일이다.'
    이 얼마나 평범하면서도 비범한 문장인가. 이에 더하여 이런 문장은 어떤가!
    '그의 과거와/ 현재와/ 그리고/ 그의 미래와 함께 오기 때문이다. / 한 사람의 일생이 오기 때문이다.'
    좋은 시, 좋은 문장은 막강한 힘을 갖는다. 사람의 마음을 바꾸고 그들의 삶을 바꾼다.
    이 시가 바로 그런 시이다. 이런 문장을 읽으면서 사람들은 얼마나 자신의 정체성을 찾으려고 애썼으며 스스로를 위로했으며 또 자신에게 용기와 축복을 주고자 했을까. 그만큼 좋은 시의 문장은 힘이 세다.

나를 살리는 문장

여전히 좋은 사람을 보면 가슴이 뛰고, 가끔은 보고 싶고,
무어라 할 것도 없이 사소한 일을 하소연하고 싶고 그렇습니다.
바로 이러한 사소함과 철없음이 시의 길로 이끕니다.
벗을 수 없는 멍에여서 참을 수밖에 없는 일입니다.

갈대

신경림

언제부턴가 갈대는 속으로
조용히 울고 있었다.

그런 어느 밤이었을 것이다. 갈대는
그의 온몸이 흔들리고 있는 것을 알았다.

바람도 달빛도 아닌 것,
갈대는 저를 흔드는 것이 제 조용한 울음인 것을
까맣게 몰랐다.

─ 산다는 것은 속으로 이렇게
조용히 울고 있는 것이란 것을
그는 몰랐다.

갈대
———
신경림

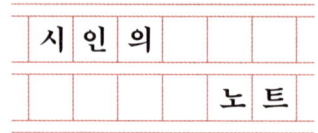

아마도 시인은 이 작품이 대표작이라고 말하면 속상하게 생각할 것이다. 그 뒤에 쓴 수많은 작품, 우렁찬 작품을 모두 제치고 왜 이 작은 작품이냐고 불만스러워할 수도 있겠다. 더구나 이 작품은 시인의 데뷔작이다.

그런데도 사람들은 이 작품을 좋아한다. 그건 나도 마찬가지. 자신의 삶을 돌아보는 맑은 자성自省이 좋다. 일찍부터 시인의 인생은 이렇게 그윽하게 깊어졌다. 우리도 따라서 깊어지고 싶은 것이다.

나를 살리는 문장

스스로 묻고 스스로 대답합니다. 독백입니다.

독백이지만 그 내용은 대화입니다.

그것이 또 시의 근본이고 삶의 근본입니다.

혼자 있을 때에도 침묵하고 있을 때에도 인간은 끊임없이

속으로 묻고 답합니다.

외로움의 증거, 아니, 살아있음의 증거입니다.

세월이 가면

박인환

지금 그 사람 이름은 잊었지만
그 눈동자 입술은
내 가슴에 있어

바람이 불고
비가 올 때도
나는 저 유리창 밖
가로등 그늘의 밤을 잊지 못하지

사랑은 가고
과거는 남는 것
여름날의 호숫가
가을의 공원

그 벤치 위에
나뭇잎은 떨어지고
나뭇잎은 흙이 되고
나뭇잎에 덮여서
우리들 사랑이 사라진다 해도

지금 그 사람 이름은 잊었지만

그의 눈동자 입술은

내 가슴에 있어

내 서늘한 가슴에 있건만

세월이 가면 ── 박인환

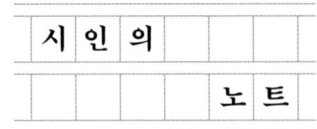

저 50년대, 한국전쟁을 치르고 황폐한 서울의 스산한 거리에서 멋쟁이 시인으로 통했던 분이 박인환이다. 밥보다는 막걸리를 많이 마시고 술보다는 시를 더 많이 사랑했던 시절의 시인이다.

당시의 명동 거리 한 술집(배우 최불암의 모친이 운영하는 술집이었다고 함)에서 몇 사람 지인들이 모여 술추렴을 하다가 그 자리에 동석했던 사람들이 노래를 한번 지어보자 그래서 탄생한 시가 바로 이 시다.

절망적인 시대 속에서도 낭만과 인간의 최소한의 꿈을 잃지 않으려는 안쓰러운 마음의 파동이 절로 느껴지는 시다. 이런 멋스러움과 여유 속에서 인생은 잠시 시름을 놓고 아름다움을 꿈꾸어도 좋으리라.

나를 살리는 문장

착한 사람들의 세상.

그런 세상은 아무리 세상이 변해도 변하지 않습니다.

시도 선한 사람들의 마음을 담아 끝까지 변하지 않습니다.

석류

이가림

언제부터
이 잉걸불 같은 그리움이
텅 빈 가슴속에 이글거리기 시작했을까

지난여름 내내 앓던 몸살
더 이상 견딜 수 없구나
영혼의 가마솥에 들끓던 사랑의 힘
캄캄한 골방 안에
가둘 수 없구나

나 혼자 부둥켜안고
뒹굴고 또 뒹굴어도
자꾸만 익어가는 어둠을
이젠 알알이 쏟아놓아야 하리

무한히 새파란 심연의 하늘이 두려워
나는 땅을 향해 고개 숙인다
온몸을 휩싸고 도는
어지러운 충만 이기지 못해

나 스스로 껍질을 부순다

아아, 사랑하는 이여
지구가 쪼개지는 소리보다
더 아프게
내가 깨뜨리는 이 홍보석의 슬픔을
그대의 뜰에
받아주소서

석류 ─── 이가림

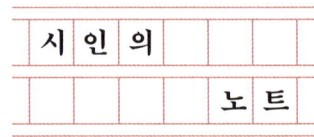

일찍이 서양에 발레리의 「석류」가 있다면 한국에는 정지용의 「석류」가 있고 그 뒤엔 이가림의 「석류」가 있다. 젊은 나이로는 접근할 수 없는 낭만이다. 푸르고 떫은 시절을 보내고 드디어 한숨 섞어 바라보는 사랑이다. 차라리 기도다. 인생의 거품을 삭히고 나서 곱게 돌아와 빈 뜰에 엎드린 자의 겸허한 눈매다. 하지만 아직도 남은 마음의 불길은 안으로 뜨겁고 집요하다. 가을의 사랑인가! 아픔 속에 오히려 기쁨을 숨겼다.

나를 살리는 문장

인간은 사랑에 의해서 완성된다고 생각합니다. 시와 자연과 신도 사랑에 의해 대단원이 내려진다고 생각합니다.
"사랑이 없는 곳엔 시도 없습니다. 시는 사랑의 한 표현 양식일 뿐입니다."

섬

정현종

사람들 사이에 섬이 있다
그 섬에 가고 싶다

섬
———
정현종

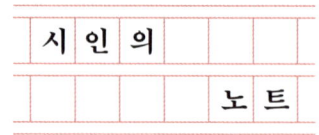

　딱 두 줄의 문장이다. 그것도 단순하고 검박한 표현의 문장이다. 이렇게 짧아도 시가 되나? 그렇게 묻지 마시라. 본래 시는 짧을수록 좋은 문학 형식이 아니겠나. 흔히 하는 말처럼 일침一鍼 이구二灸 삼약三藥이란 한방 요법에서 첫 번째 일침에 해당하는 것이 시이다. 말하자면 급박한 환자가 있을 때 급소를 쳐서 생명을 회생시키는 방법이다. 촌철살인寸鐵殺人이란 말도 이 어름의 말이다.

　그러할 때 이러한 시는 마치 경구와 같이 우리들 마음을 치고 들어오면서 정신을 흔들어준다. 졸고 있을 때가 아니야. 정신 차려라. 딱 두 줄의 문장. '섬'이란 제목을 감안하면서 우선은 바닷가에서 어느 날 바라본 두 개의 섬을 떠올려도 좋겠고 두 인간 사이의 인간관계, 그 고독과 우울과 그리움을 사무치게 가슴에 안아봐도 좋을 일이다.

나를 살리는 문장

좋은 사람들은 순간순간 나를 살리고 숨 쉬게 해줍니다.
흐린 하늘을 우러러 맑고 푸른 하늘을 그리워하게 하고,
눈을 감고도 넓고 멀리 터진 길을 보게 합니다.
이 또한 얼마나 고마운 축복인지요.

우화의 강

마종기

사람이 사람을 만나 서로 좋아하면
두 사람 사이에 물길이 튼다.
한쪽이 슬퍼지면 친구도 가슴이 메이고
기뻐서 출렁거리면 그 물살은 밝게 빛나서
친구의 웃음소리가 강물의 끝에서도 들린다.

처음 열린 물길은 짧고 어색해서
서로 물을 보내고 자주 섞여야겠지만
한세상 유장한 정성의 물길이 흔할 수야 없겠지.
넘치지도 마르지도 않는 수려한 강물이 흔할 수야 없겠지.

긴말 전하지 않아도 미리 물살로 알아듣고
몇 해쯤 만나지 못해도 밤잠이 어렵지 않은 강,
아무려면 큰 강이 아무 의미도 없이 흐르고 있으랴.
세상에서 사람을 만나 오래 좋아하는 것이
죽고 사는 일처럼 쉽고 가벼울 수 있으랴.

큰 강의 시작과 끝은 어차피 알 수 없는 일이지만
물길을 항상 맑게 고집하는 사람과 친하고 싶다.

내 혼이 잠잘 때 그대가 나를 지켜보아 주고
그대를 생각할 때면 언제나 싱싱한 강물이 보이는
시원하고 고운 사람을 친하고 싶다.

우화의 강 — 마종기

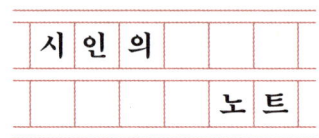

시인의 노트

내가 오래 좋아해 온 말 가운데 하나가 있다. 뷔퐁이란 프랑스 사람의 말이다. '글은 사람이다.' 그러니까 글과 사람이 동격이라는 말인데 이 말은 부드러운 것 같지만 매우 맵찬 말이다.

마종기란 이름. 청소년기 시를 공부할 때부터 알고 있었던 이름이다. 한국에서도 살았지만 미국으로 건너가 살았고 시인으로 살았지만 의사로서도 살았다.

모르겠다. 그의 시를 읽으면 시원한 그의 인품이 보이는 듯하다. 조건 없이 좋아할 수 있는 한 사람 인격이 저만큼 서있는 것만 같다. 그래서인지 대학에서 문학을 전공하고 평론가가 된 나의 딸아이 나민애마저 좋아하는 시인이 바로 이 시인이다.

나를 살리는 문장

조연이 있기에 주연이 있는 것이라고 생각합니다. 아무리 주연이라고 해도 자기 관리를 잘 하지 않으면 하루아침에 나락으로 떨어지고 맙니다. 모름지기 자기를 챙기면서 살아야 할 일이고 다른 사람을 챙겨주면서 살아야 할 일입니다.

비망록

문정희

남을 사랑하는 사람이 되고 싶었는데
남보다 나를 더 사랑하는 사람이
되고 말았다.

가난한 식사 앞에서
기도를 하고
밤이면 고요히
일기를 쓰는 사람이 되고 싶었는데
구겨진 속옷을 내보이듯
매양 허물만 내보이는 사람이 되고 말았다.

사랑하는 사람아
너는 내 가슴에 아직도
눈에 익은 별처럼 박혀 있고

나는 박힌 별이 돌처럼 아파서
이렇게 한 생애를 허둥거린다.

비망록 —— 문정희

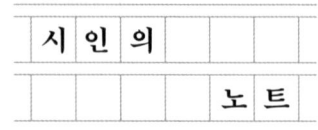

왜 그런 마음이 시인에게만 그럴까. 모든 사람의 소망이며 모든 사람의 실망이며 드디어 회한이다. 그렇게 사람은 저마다 자기 자신 앞에 무릎을 꿇는다

도대체 우리는 자기가 자기에게 걸었던 기대의 몇 퍼센트나 이루며 사는 것일까. 이런 질문 앞에 우리는 우울하지만 그래도 이런 질문이라도 던지며 사는 사람은 그 삶의 궤적이 그런대로 정결할 수 있겠다.

저 마음이 내 마음이야, 나도 실은 그랬어, 그런 심정이 사람을 살린다. 어두운 마음을 밝게 하고 흔들리는 마음을 붙잡아 준다. 그것이 감정의 동지요, 이웃이다.

나를 살리는 문장

살아남은 자의 기적

나에 대한 안쓰러움이 때로는 당신에 대한 안쓰러움으로 바뀝니다. 언제까지일지는 모릅니다. 같이 갑시다. 손잡지 않아도 좋습니다. 다만 같은 방향으로 가고 있다는 사실 하나만으로도 우리는 충분히 가득하고 편안하고 행복합니다. 오늘을 사랑하고 내일을 믿습니다.

강

구광본

혼자서는 건널 수 없는 것
오랜 날이 지나서야 알았네
갈대가 눕고 다시 일어서는 세월,
가을빛에 떠밀려 헤매기만 했네

한철 깃든 새들이 떠나고 나면
지는 해에도 쓸쓸해지기만 하고
얕은 물에도 휩싸이고 말아
혼자서는 건널 수 없는 것

강 —— 구광본

시	인	의		
			노	트

   강물은 인생이고 세상이다. 인생이나 세상 또한 강물과 같은 것이다. 흘러서 끝이 없고 다시는 제자리로 돌아오지 않는 것.
   그런 것 하나 깨닫고 알기까지 우리는 얼마나 시간을 낭비해야만 했던가. 젊어서 이런 걸 미리 짐작이라도 할 수 있다는 건 하나의 축복이다.
   속지 마라. 속이지 마라. 내일은 오지 않은 오늘이고, 어제는 지나간 오늘이다. 오직 있는 것은 오늘뿐. 그것이 너의 강물이다.

나를 살리는 문장

누군가의 사랑이 모이고 모여 조그만 시내가 되고 강물이 된 것이지요. 누군가의 마음이 모이고 모여 조그만 길이 된 것이지요. 다시 사랑이 된 셈이에요. 그 길 위로 나도 같이 갑니다. 손을 잡고 어깨 기웃거리며 함께 갑니다. 시나브로, 시나브로 떨어지는 꽃잎을 받아 마음속 차곡차곡 보석으로 간직합니다.

봄

이성부

기다리지 않아도 오고

기다림마저 잃었을 때에도 너는 온다.

어디 뻘밭 구석이거나

썩은 물 웅덩이 같은 데를 기웃거리다가

한눈 좀 팔고, 싸움도 한판 하고,

지쳐 나자빠져 있다가

다급한 사연 들고 달려간 바람이

흔들어 깨우면

눈 부비며 너는 더디게 온다.

더디게 더디게 마침내 올 것이 온다.

너를 보면 눈부셔

일어나 맞이할 수가 없다.

입을 열어 외치지만 소리는 굳어

나는 아무것도 미리 알릴 수가 없다.

가까스로 두 팔을 벌려 껴안아 보는

너, 먼 데서 이기고 돌아온 사람아.

봄

— 이성부

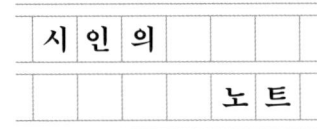

해마다 봄이 되면 젤 먼저 생각나고 한두 번 꺼내어 읽는 시가 바로 이 시다. 씩씩하고 시원시원하다. 용기를 준다. 황사나 꽃샘추위로 찌푸리면서 봄의 강물을 건널 때도 이 시 하나면 충분히 위로가 되었다.

시 전체가 감동. 가슴이 벅차다. 가령 이런 구절. '기다리지 않아도 오고/ 기다림마저 잃었을 때에도 너는 온다.' 그다음으로도 많다. '눈 부비며 너는 더디게 온다./ 더디게 더디게 마침내 올 것이 온다.' '가까스로 두 팔을 벌려 껴안아 보는/ 너, 먼 데서 이기고 돌아온 사람아.' 일당백의 시다.

나를 살리는 문장

사람들은 더러 지는 해가

더 아름답고 눈부시다고 말하지 아니하던가.

여름의 울울창창한 나무보다

벗을 만큼 벗어버린 가을 나무가

더 의연하고 단아하다고도 말하지 아니하던가.

물망초 • Forget me not ─── 김춘수

부르면 대답할 듯한

손을 흔들면 내려올 듯도 한

그러면서 아득히 먼

그대의 모습,

─하늘의 별일까요?

꽃 피워 바람 잔 우리들의 그날,

─나를 잊지 마세요.

그 음성 오늘따라

더욱 가까이에 들리네

들리네.

물망초 —— 김춘수

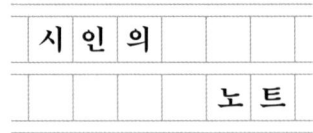

시인의 노트

　꽃의 시인 김춘수. 본인에게 물으면 절대로 그 작품이 자신의 대표작이 아니라고 오히려 화를 내는 시인. 하지만 독자들은 여전히 「꽃」이란 작품을 시인의 대표작으로 꼽는다.

　위의 시는 정식으로 시집에 들어간 시 작품이 아니라 시인이 편찬한 어떤 시선집 앞부분에 서시처럼 슬쩍 써서 넣은 글인데 시인의 다른 작품들보다도 이 작품이 나는 좋았다.

　물망초. 서양에서 들여온 꽃이다. 한자로 쓰면 勿忘草. 영어로 쓰면 forget me not. 그 말이 그 말이다. 나를 잊지 말아 달라는 꽃말이란다. 실지로 꽃은 아주 작은 꽃인데 연한 하늘빛에 조그만 꽃송이가 매우 애잔해 보이는 꽃이다.

나를 살리는 문장

참 부드럽고 그윽한 세상. 누군가 고운 한 사람, 하루 종일 연꽃 송이를 바라보고 있는 것 같은, 고즈넉한 향기가 전해집니다. 시 그 자체가 기도이고 명상이고 노래입니다. 순결한 사랑의 고백. 우리도 시를 통해 조금씩 마음이 맑아질 것입니다.

그 겨울의 시

박노해

문풍지 우는 겨울밤이면
윗목 물그릇에 살얼음이 어는데
할머니는 이불 속에서
어린 나를 품어 안고
몇 번이고 혼잣말로 중얼거리시네

오늘 밤 장터의 거지들은 괜찮을랑가
소금창고 옆 문둥이는 얼어 죽지 않을랑가
뒷산에 노루 토끼들은 굶어 죽지 않을랑가

아 나는 지상에서 가장 아름다운
시낭송을 들으며 잠이 들곤 했었네

찬바람아 잠들어라
해야 해야 어서 떠라

한겨울 얇은 이불에도 추운 줄 모르고
왠지 슬픈 노래 속에 눈물을 훔치다가
눈산의 새끼노루처럼 잠이 들곤 했었네

그 겨울의 시 —— 박노해

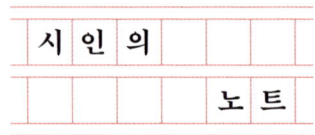

시인의 노트

시인 박노해의 본명은 박기평. 한동안 이름 없는 시인, 실체 없는 시인으로 알려졌던 시절이 있었던 사람이다. 첫 시집 『노동의 새벽』으로 이름을 알린 시인이다.

한국이 짧은 시기에 도시화, 산업화를 이룩하는 과정에서 많은 모순을 더불어 안아야만 했는데 그 모순의 틈바귀에서 가장 절실한 목소리를 담아낸 장본인이 바로 박노해 시인이다.

하지만 박노해 시인은 점차 일상적인 삶에 대한 시를 쓰면서 보다 넓은 시적인 지평을 열었는데 바로 위에 적은 시가 그런 작품이다. 인간에 대한 한없는 연민이 자연으로까지 확대 재생산된 본보기다.

나를 살리는 문장

시인이 떠난 자리를 지켜 시는 여전히 건강하게 숨 쉬고 여전히 푸르게 자라고 있을 것입니다.
시여, 앞으로도 더 오래 살아남아 있거라.

밤하늘에 쓴다
유안진

언젠가 그 언젠가는
저 산 저 바다 저 하늘도 너머
빛과 어둠 너머

잘 잘못들 넘어
사랑 미움 모두 넘어

머언 머언 너머
처음처럼 마지막처럼
우린 다시 만날 거지요?!

밤하늘에 쓴다 ──── 유안진

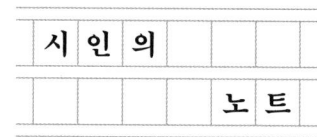

과거, 그것도 멀지 않은 과거에 누군가 아주 많이 사랑하는 사람과의 이별이 있었을 것이다. 그러기에 이런 절창이 나옴 직하다. 무릇 원인은 원인으로만 끝나지 않는다. 결과를 가져 온다.

원인이 크고 깊으면 그다음에 오는 결과 또한 역시 크고 깊 게 마련인 터. 그것은 추운 겨울 다음에 오는 눈부신 봄의 개 화와 같다고 해야 할 것이다.

피차 살아있는 목숨이기에 부대껴야 했을 온갖 인간적인 음 영들. 그것들을 넘어서 오직 다시 만나기만을 바라는 간절한 소망. 그렇다. 우리는 육신이 다한 뒤에도 만날 수 있다. 영혼 이 우리에게 있기 때문이다.

나를 살리는 문장

당신이 오늘 당신 자신을 위해 가장 잘한 일은

세상에서 여전히 살아있는 목숨인 일이고

누군가를 만난 일이고 무슨 일인가를 열심히 한 것입니다.

밤하늘

차창룡

산 위에서 올려다보니 별 서너 개
저기 또 하나
잡으려면 어느새 숨어버리는 이처럼
내 마음을 간지르는

저 별
손톱으로 꼭 눌러 죽이고 싶은
마음의 가려움
내려다보니
이토록 많은 별들

꿈꾸는 눈빛에게
시간은 더디 흐른다
밤새도록 흘러도
늘 제자리인
저 강물 속 강물 위

가라앉아 있는 떠 있는
어린 시절

손톱으로 눌러 죽인

수많은 별들

여기 와 살아 있다니

밤하늘 —— 차창룡

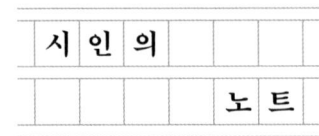

시 인 의 노 트

    운이 좋았던가. 코로나19 속에서도 서울 근교 북한산 기슭의 중흥사란 절에서 개최하는 템플스테이에 강사로 간 일이 있었다. 불러준 스님은 동명 스님. 만나보니 그분은 속가에서 시인이었던 분이었다.

    속가에서의 이름은 차창룡. 스님이지만 시인이었던 분이라서 문학적인 분위기가 물씬 풍겼다. 강의를 마치고 차담을 하면서 세상 얘기와 함께 인생 이야기를 나누는 시간이 매우 의미 있었다.

    돌아와 시를 찾아보니 스님으로 살면서 썼을 것 같은 아름다운 시가 발견되었다. 산 아래 사람들이 느낄 수 없는 눈부신 정서가 들어있는 작품. 세상의 모든 일이란 바라보는 사람에 따라 새롭게 태어나기도 한다.

나를 살리는 문장

말기의 행성인 지구, 말기의 인생인 나. 하지만 나는 지구 한테도 나의 인생한테도 희망을 버리지 않겠습니다.

희망은 사랑이란 말과 동의어. 가슴속에 사랑이 남아 있는 한 희망은 사라지는 것이 아닙니다.

별

이병기

바람이 서늘도 하여 뜰 앞에 나섰더니
서산머리에 하늘은 구름을 벗어나고
산뜻한 초사흘 달이 별과 함께 나오더라

달은 넘어가고 별만 서로 반짝인다
저 별은 뉘 별이며 내 별 또 어느 게요
잠자코 호올로 서서 별을 헤어 보노라

별
———
이병기

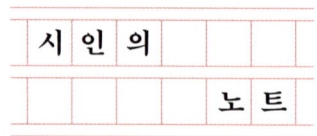

시인의
노트

   시조는 우리 민족만이 가진 정형시이며 민족시. 진정 좋은 시조는 형식을 철저히 갖추되 형식에서 벗어난 듯 자유롭고 편안하다. 일찍이 그래왔고 앞으로 그러할 터.
   이러한 주문에 선뜻 나서는 작품이 바로 이 작품이다. 가람 선생으로 통했던 분. 일제 말기 『문장』 추천위원으로 이호우나 김상옥 같은 걸출한 시조 시인을 길러낸 시조 시단의 사표.
   짐짓 자연을 그리는 것 같지만 그 실에 있어서는 인간의 일이고 인간의 마음, 정에 관한 것이다. 마치 한 편의 한국화를 들여다보는 듯 중얼거리는 마음조차 가라앉으며 편안해진다.

나를 살리는 문장

시는 시의 문장

그 너머를 말하는 문장입니다.

바로 느낌, 감흥입니다.

우리가 살면서

이런 문장을 만난다는 건

그것 자체가 행운이요, 감사입니다.

별 헤는 밤

윤동주

계절이 지나가는 하늘에는
가을로 가득 차 있습니다.

나는 아무 걱정도 없이
가을 속의 별들을 다 헤일 듯합니다.

가슴 속에 하나 둘 새겨지는 별을
이제 다 못 헤는 것은
쉬이 아침이 오는 까닭이요,
내일 밤이 남은 까닭이요,
아직 나의 청춘이 다하지 않은 까닭입니다.

별 하나에 추억과
별 하나에 사랑과
별 하나에 쓸쓸함과
별 하나에 동경과
별 하나에 시와
별 하나에 어머니, 어머니,

어머님, 나는 별 하나에 아름다운 말 한마디씩 불러봅니다. 소학교 때 책상을 같이했던 아이들의 이름과, 패, 경, 옥, 이런 이국 소녀들의 이름과, 벌써 애기 어머니 된 계집애들의 이름과, 가난한 이웃 사람들의 이름과, 비둘기, 강아지, 토끼, 노새, 노루, '프랑시스 잠', '라이너 마리아 릴케' 이런 시인의 이름을 불러봅니다.

이네들은 너무나 멀리 있습니다.
별이 아스라이 멀듯이.

어머님,
그리고 당신은 멀리 북간도에 계십니다.

나는 무엇인지 그리워
이 많은 별빛이 내린 언덕 위에
내 이름자를 써 보고
흙으로 덮어 버리었습니다.

딴은 밤을 새워 우는 벌레는

부끄러운 이름을 슬퍼하는 까닭입니다.

그러나 겨울이 지나고 나의 별에도 봄이 오면
무덤 위에 파란 잔디가 피어나듯이
내 이름자 묻힌 언덕 위에도
자랑처럼 풀이 무성할 거외다.

별 헤는 밤 —— 윤동주

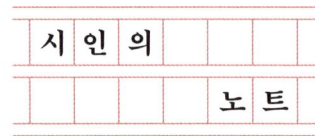

시인의
노트

　우리나라 사람치고 윤동주란 시인의 이름과 그의 시 「별 헤는 밤」을 모르는 사람은 없을 것이다. 그만큼 이 시는 국민적인 지지를 받는 작품이다.

　윤동주 시인은 1941년 그의 나이 24세 때 연희전문학교를 졸업하면서 그 기념으로 77권의 시집을 내고자 했다. 그러나 그 꿈이 막히자 자필로 필사하여 『하늘과 바람과 별과 시』라는 이름으로 세 권의 시집을 만든다.

　이때 시집을 선물받은 정병욱이란 분의 보관본이 뒷날에 남아 오늘날의 '윤동주 시집'이 되었다. 청년의 풋풋한 동경과 사랑이 함뿍 담긴 시. 시인의 일대기가 담긴 듯한 시. 지금도 읽으면 그 젊은 윤동주 시인을 만난다.

나를 살리는 문장

좋은 시는 모름지기 좋은 영혼에서 나옵니다.

좋은 시는 나이를 불문하고 모든 세대에게 통합니다.

좋은 시는 구차한 설명 없이 징검다리 없이 가슴과 가슴을 연결합니다.

물이 되는 꿈

— 루시드 폴

물
물이 되는 꿈
물이 되는 꿈
물이 되는 꿈
꽃
꽃이 되는 꿈
씨가 되는 꿈
풀이 되는 꿈
강
강이 되는 꿈
빛이 되는 꿈
소금이 되는 꿈
바다
바다가 되는 꿈
파도가 되는 꿈
물이 되는 꿈
별
별이 되는 꿈
달이 되는 꿈

새가 되는 꿈
비
비가 되는 꿈
돌이 되는 꿈
흙이 되는 꿈
산
산이 되는 꿈
내가 되는 꿈
바람이 되는 꿈
다시
바다
바다가 되는 꿈
모래가 되는 꿈
물이 되는 꿈
물
빗물이 되는 꿈
냇물이 되는 꿈
강물이 되는 꿈
또다시

바다
바다가 되는 꿈
하늘이 되는 꿈
물이 되는 꿈

물이 되는 꿈 —— 루시드 폴

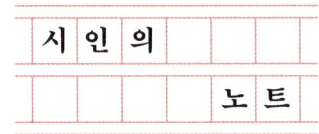

시인의 노트

　　모르면 몰라도 노랫말, 가사다. 그것도 모든 문장이 명사형 종지로 되어 있다. 그 명사를 좀 따라가 볼까. 물-꽃-씨-풀-강-빛-소금-바다-파도-물-별-달-새-비-돌-흙-산-내-바람-바다-모래-물-빗물-강물-바다-하늘-물. 결국은 물의 변화다. 물을 매개로 해서 지상의 존재가 천상의 존재로 바뀌었다가 다시금 지상으로 돌아와 물이 된다. 그래서 제목도 '물이 되는 꿈'일 것이다. 굳이 따지고 분석할 일이 아니다. 그냥 노랫말을 따라 마음을 두둥실 강물을 따라 바다에 이르게 했다가 다시 하늘로 떴다가 또다시 지상으로 불러내면 되는 일이다. 그 결론 부분이 역시 마지막 부분에 나온다. '또다시/ 바다/ 바다가 되는 꿈/ 하늘이 되는 꿈/ 물이 되는 꿈'. 두어 차례 행사장에서 노래하는 가수로 루시드 폴을 만난 일이 있다. 그러나 그는 보통의 가수가 아니라 음유 시인이었다. 스스로 시도 짓고 곡도 만들고 또 노래도 하는 가수였다. 마종기 시인을 위해 노래를 했고 일이 있고 제주도에서 산다고 했다. 본명은 조윤석. 서울대 응용화학과 출신이라 했다. '멀티 인간'이라는 생각이 들었다.

나를 살리는 문장

꿈꾸는 마음과 사랑하는 마음으로 생명의 끝장까지 가리라.
날마다 나는 누군가를 사랑하고 그 사랑의 빛으로 하여
또 날마다 구원받는 사람이고 싶다

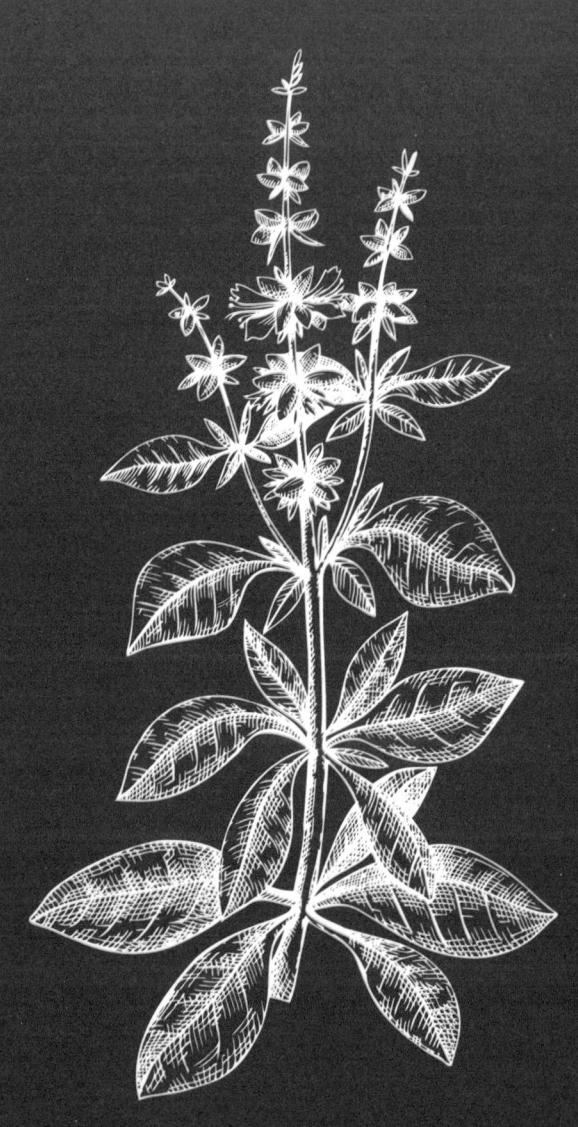

눈물겹고 애틋한 너에게

우리들의 천국 · 박준
그리하여 어느 날, 사랑이여 · 최승자
나룻배와 행인 · 한용운
사랑의 역사 · 이병률
푸른 밤 · 나희덕
선운사에서 · 최영미
내 마음을 아실 이 · 김영랑
우연 · 쉬즈모
나와 나타샤와 흰 당나귀 · 백석
첫사랑 · 괴테
행복 · 유치환
바람의 말 · 마종기
부부 · 함민복
소녀상 · 송영택
가을의 노래 · 박용래
그리움 · 이용악
상처 · 조르주 상드
너는 한 송이 꽃과 같이 · 하이네
장미와 가시 · 김승희
그 사람을 가졌는가 · 함석헌

우리들의 천국
박준

곁을 떠난 적이 있다 당신은 나와 헤어진 자리에서 곧 사라졌고 나는 너머를 생각했으므로 서로 다른 시간을 헤매고 낯익은 곳에서 다시 만났다 그 시간과 공간 사이, 우리는 서로가 없어도 잔상들을 웃자라게 했으므로 근처 어디쯤에는 그날 흘리고 온 다짐 같은 것도 있었다.

우리들의 천국 —— 박준

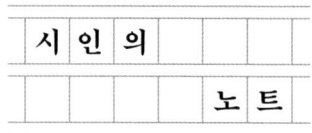
시인의 노트

 때로 우리는 자기가 좋다고 예쁘다고 생각하는 사람과 사랑하게만 되면, 그 사랑이 이루어지기만 하면, 이 세상 모든 문제가 해결되는 줄 알던 시절이 있었다. 철없지만 풋풋하고 아름답고 어리석던 시절이다. 그로부터 우리는 조금씩 알게 된다. 아니, 깨닫게 된다. 이 세상 모든 사랑은 짝사랑이라는 것을! 더러는 다툼이기도 하고 이별이기도 하고 거절이기도 하다는 것을. 그런 뒤에 다시금 깨닫는다. 모든 사랑은 두 번째 사랑이 아니라 첫 번째 사랑, 첫사랑이라는 것을. 우리의 잘생기고 아름다운 젊은 시인이 어찌 그것을 벌써 눈치채 버렸나! 시인은 고백한다. '당신은 나와 헤어진 자리에서 곧 사라졌고 나는 너머를 생각했으므로 서로 다른 시간을 헤매고 낯익은 곳에서 다시 만났다'고. 그러하다. 짝사랑이고 첫사랑이다. 이 두 사람은 서로를 잘 안다. 그래서 다시는 헤어지지 않을 것이고 떠나지 않을 것이다. 왜냐면 사랑이란 것이 둘이서 마주 보며 숨 가쁘게 하는 것이 아니라 조금쯤 거리를 두고 멀리서 그 숨소리만으로 그 '잔상'만으로도 충분히 가능한 것이란 것을 알았으므로. 이 시인의 문장 안에는 놀랍게도 김소월 선생의 시「산유화」, '산에/ 산에/ 피는 꽃은/ 저만치 혼자서 피어 있네'의 그 '저만치'가 들어 있다. 하나의 지혜요, 깨달음이다.

나를 살리는 문장

나의 존재는 나 하나만의 존재로는 온전치 못합니다.

너의 뒷받침이 있어야 합니다.

너 또한 나의 인정과 뒷받침이 있어야 할 것입니다.

그리하여 어느 날, 사랑이여
최승자

한 숟갈의 밥, 한 방울의 눈물로
무엇을 채울 것인가,
밥을 눈물에 말아먹는다 한들.

그대가 아무리 나를 사랑한다 해도
혹은 내가 아무리 그대를 사랑한다 해도
나는 오늘의 닭고기를 씹어야 하고
나는 오늘의 눈물을 삼켜야 한다.
그러므로 이젠 비유로써 말하지 말자.
모든 것은 콘크리트처럼 구체적이고
모든 것은 콘크리트 벽이다.
비유가 아니라 주먹이며,
주먹의 바스라짐이 있을 뿐,

이제 이룰 수 없는 것을 또한 이루려 하지 말며
헛되고 헛됨을 다 이루었도다고도 말하지 말며

가거라, 사랑인지 사람인지,
사랑한다는 것은 너를 위해 죽는 게 아니다.

사랑한다는 것은 너를 위해
살아,
기다리는 것이다,
다만 무참히 꺾여지기 위하여.

그리하여 어느 날 사랑이여,
내 몸을 분질러다오,

내 팔과 다리를 꺾어
네

꽃
병
에

꽂
아
다
오

그리하여 어느 날, 사랑이여 —— 최승자

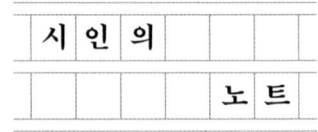

섬뜩하다. '내 몸을 분'지르고 '내 팔과 다리를 꺾어' 너의 꽃병에 꽂아달라니! 멕시코의 전설적인 화가 프리다 칼로의 그림을 보는 듯하다. 사랑을 노래하되 이처럼 강렬하게 노래하는 사랑도 있다니 놀라운 일이다.

인간 사랑의 허구성, 잔인성을 이런 방식으로 노래하고 있음이다. 나 같은 사람은 평생 사랑의 시를 쓰면서도 한결같이 망설이고 중얼거리고 어딘가 미진한 발언만을 일삼고 있는데도 말이다.

이 시인이 지향하는 건 견고함이다. 콘크리트처럼 건물 속에 들어있는 철근처럼 변함없는. 왜 그럴까? 우리들 삶과 사랑의 가변성, 그 모순을 이미 보았고 절망했고 그러고서도 인내해야 하기 때문일 터이다.

나를 살리는 문장

그렇습니다. 당신이 오늘 세상에서 가장 잘한 일은 사랑하지 못할 사람을 짐짓 사랑한 일이고 나아가 그리워하기까지 한 일입니다. 그것은 작은 일이 아니고 거룩하기까지 한 일입니다.

나룻배와 행인

한용운

나는 나룻배
당신은 행인

당신은 흙발로 나를 짓밟습니다
나는 당신을 안고 물을 건너갑니다
나는 당신을 안으면 깊으나 얕으나 급한 여울이나 건너갑니다

만일 당신이 아니 오시면 나는 바람을 쐬고 눈비를 맞으며 밤에서 낮까지 당신을 기다리고 있습니다
당신은 물만 건너면 나를 돌아보지도 않고 가십니다 그려
그러나 당신이 언제든지 오실 줄만은 알아요
나는 당신을 기다리면서 날마다 날마다 늙어 갑니다

나는 나룻배
당신은 행인

나룻배와 행인 —— 한용운

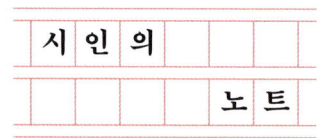
시인의 노트

처음 이 시를 읽은 것은 열여섯 고등학교 학생일 때. 애틋한 연애시로 읽혔다. 알고 보니 스님의 시. 더구나 시인은 3·1 독립선언서에 서명한 33인 가운데 한 분. 가장 선명한 독립운동가. 불교 사상가.

표면적으로는 연애시지만 스승과 제자의 도리를 담고 있고 진정으로 사랑하는 사람들의 마음과 태도를 보여주고 있다. 사랑에도 지치고 시들할 때는 이런 시를 읽으면서 마음을 달래고 위로를 받을 일이다.

이처럼 좋은 시는 적용 범위가 넓다. 자유롭고 평화롭고 향기까지 품고 있다. 저 인내를 보라. 저 지극한 기다림과 희생을 보라. 마음이 저절로 넓어지리라. 이 시는 내 평생의 날들을 안내하는 스승이 되고 이정표가 되기에 충분했다.

나를 살리는 문장

사랑도 인생도 그러합니다. 누군가를 사랑하는 시간이었다 해도 그것을 사랑으로 기꺼이 용납하지 않았다면 그것은 사랑이 아닙니다. 사랑은 떠났습니다. 사랑은 멀리 있습니다. 그래도 우리가 사랑을 떠나보내지 않는다면 사랑은 결코 떠나지 않은 사랑이고 이별도 굳이 비극일 까닭은 없는 것입니다.

사랑의 역사

이병률

왼편으로 구부러진 길, 그 막다른 벽에 긁힌 자국 여럿입니다

깊다 못해 수차례 스치고 부딪친 한두 자리는 아예 움합니다

맥없이 부딪쳤다 속상한 마음이나 챙겨 돌아가는 괜한 일들의 징표입니다

나는 그 벽 뒤에 살았습니다

잠시라 믿고도 살고 오래라 믿고도 살았습니다

굳을 만하면 받치고 굳을 만하면 받치는 등 뒤의 일이 내 소관이 아니란 걸 비로소 알게 됐을 때

마음의 뼈는 금이 가고 천장마저 헐었는데 문득 처음처럼 심장은 뛰고 내 목덜미에선 난데없이 여름 냄새가 풍겼습니다.

시인의 노트

사랑의 역사 — 이병률

　처음 내가 만난 이병률은 『끌림』의 저자였고 여행가 이병률이었다. 그런 뒤 조금 있다가 그가 젊은이들에게 인기가 높은 시인이라는 걸 또 알았다. 이병률은 나 같은 늙다리가 읽어도 더러 눈길이 가다가 머뭇거리기도 하는 시를 쓰는 시인이었다. 뭐라고 말하랴. 그냥 신선하다. 내가 완전히 이해하지 못하더라도 그의 시는 저만큼 숨을 쉬고 있다. '벽' 너머에 있는 존재, 그 무엇. 그렇지. 사랑이라고 해도 좋겠고 인생이라고 해도 좋겠다. 시는 읽는 사람에 따라 읽을 때에 따라서 조금씩 삐딱하게 다르게 전해져 오는 떨림 같은 것. 그냥 쉬운 말로 '사랑'이라 해도 좋겠고 '사랑의 정의'라고 해도 좋겠다. 그렇게 작정하고 다시 읽어보면 시가 조금쯤 가슴 가까이 와서 숨쉬고 있음을 알게 된다. 그렇게 시는 피차간 오해의 소산이고 오해에서 나오는 아름다운 무늬라 하겠다. 마음 어디라 할 것 없이 복잡, 스산한 날은 이런 시인의 시를 읽으며 마음의 여행이라도 떠나보는 것이 어떨지….

나를 살리는 문장

시는 인간의 목숨과 사랑을 제 가슴 깊숙이 보듬어 안을 줄을 알고 있습니다. 그것이 시의 크나큰 덕성이요 선善입니다. 아, 목숨은 시들고 사랑은 떠나고 번번이 시만이 남아있음이여. 시만이 남아 서럽도록 바람에 날려 모가지를 외로 꼬면서 울고 있음이여. 이리하여 인간의 목숨과 사랑은 또다시 가당찮게도 영원성에 도전하려고 하는 것입니다.

푸른 밤

나희덕

너에게로 가지 않으려고 미친 듯 걸었던
그 무수한 길도
실은 네게로 향한 것이었다

까마득한 밤길을 혼자 걸어갈 때에도
내 응시에 날아간 별은
네 머리 위에서 반짝였을 것이고
내 한숨과 입김에 꽃들은
네게로 몸을 기울여 흔들렸을 것이다

사랑에서 치욕으로,
다시 치욕에서 사랑으로,
하루에도 몇 번씩 네게로 드리웠던 두레박

그러나 매양 퍼 올린 것은
수만 갈래의 길이었을 따름이다
은하수의 한 별이 또 하나의 별을 찾아가는
그 수만의 길을 나는 걷고 있는 것이다

나의 생애는

모든 지름길을 돌아서

네게로 난 단 하나의 에움길이었다

푸른 밤 — 나희덕

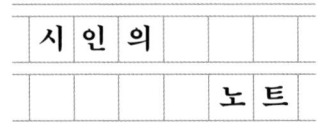

나와 너. 이 세상, 특히 사람의 관계는 아주 복잡한 것 같지만 매우 단순하다. 딱 두 부분으로 구성되어 있다는 것. 너와 나, 그 두 가지. '나'는 하나이지만 그 하나인 나를 제외한 모든 사람이 '너'라는 사실. 그래도 그중에서 소중한 것은 나이다. 하지만 그 소중한 내가 좋아지기 위해서는 네가 필요하고 너의 도움이 적극적으로 있어야 한다.

사랑이라는 것도 그러하다. 철저히 그것은 나와 너의 관계에서 오는 줄다리기 같은 것. 내가 아무리 사랑한다 해도 네가 받아주지 않으면 안 되는 것이 사랑이다. 누군가를 사랑하면서 우리는 타인의 존재에 대해서 학습한다. 타인의 존재나 기능에 따라 기뻐하기도 하고 슬퍼하기도 하고 외로워하기도 한다.

시인도 그렇다. 사랑의 줄다리 위에서 힘들어하고 고달파한다. 사랑의 파노라마. 꽃으로 피었다가 강물로 흘렀다가 산맥으로 솟았다가 끝내 별이 되기도 하는 사랑. 너와 반대쪽으로 향한 길이 오히려 너의 쪽으로 가까워지고 만 길. 그 길 끝에서 시인은 고백한다. '나의 생애는/ 모든 지름길을 돌아서/ 네게로 난 단 하나의 에움길'이었다. 여기서 '에움길'이란 '안으로 굽어든 길'을 말한다.

나를 살리는 문장

길을 걷다 보면 차차로 나는 내 자신의 내부에서부터 울려 나오는 내 자신의 목소리를 다시 듣게 된다. 가느다랗지만 분명 내 가슴 저 깊은 호수의 밑바닥 어둠 속에서부터 싹터서 울려 나오는 또 하나의 목소리. 그 목소리가 내 영혼의 안내역이며 내 시의 근원임을 나는 너무 오래 잊고 살아왔던 터였다. 결코 서두르거나 조바심할 일도 아니다. 정성껏 귀를 기울이며 나의 내부 목소리를 기다리면 되는 것이다.

선운사에서

최영미

꽃이
피는 건 힘들어도
지는 건 잠깐이더군
골고루 쳐다볼 틈 없이
님 한번 생각할 틈 없이
아주 잠깐이더군

그대가 처음
내 속에 피어날 때처럼
잊는 것 또한 그렇게
순간이면 좋겠네

멀리서 웃는 그대여
산 넘어 가는 그대여

꽃이
지는 건 쉬워도
잊는 건 한참이더군
영영 한참이더군

선운사에서 —— 최영미

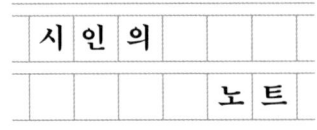

그 허무한 뒷모습이라니! 동백꽃은 다른 꽃과 달라 그 꽃이 질 때 사람 마음을 아프게 한다. 꽃잎이 하나씩 흩어져서 지는 것도 아니고 그 자리에서 고스라져(메말라서) 지는 것도 아니다. 통째로 진다.

뚝. 그만 저 자신의 모가지를 꺾어버리고 만다. 이 점에 시인은 주목을 한 것이리라. 몇 계절을 애쓰고 노력한 나머지 꽃이 되었는데 동백꽃은 그렇게 단호히 자신을 내려놓고 만다. 이러한 감탄이 이 시를 낳게 했다.

동백꽃에 비해 인간의 이별은 너무나도 꼬질꼬질 치사하고 성가시다. 동백꽃의 그 서슴없는 낙하와 깨끗한 망각을 배우자는 것이다. 그런데 정작 시인은 선운사 동백꽃을 실지로 보지 못한 채 이 시를 썼다고 한다.

나를 살리는 문장

가야 하리 가야만 하리 내가 가진
사랑의 등불 꺼지기 전에 내가 가진
사랑의 기름 다 타버리기 전에
바람 부는 들판으로 가야만 하리
짐승 우는 산기슭으로 가야만 하리

내 마음을 아실 이

김영랑

내 마음을 아실 이
내 혼자 마음 날같이 아실 이
그래도 어데나 계실 것이면

내 마음에 때때로 어리우는 티끌과
속임 없는 눈물의 간곡한 방울방울
푸른 밤 고이 맺는 이슬 같은 보람을
보밴 듯 감추었다 내어 드리지

아! 그립다
내 혼자 마음 날같이 아실 이
꿈에나 아득히 보이는가

향 맑은 옥돌에 불이 달아
사랑은 타기도 하오련만
불빛에 연긴 듯 희미론 마음은
사랑도 모르리 내 혼자 마음은.

내 마음을 아실 이 —— 김영랑

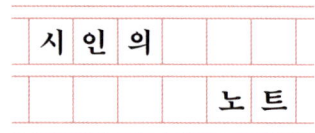
시 인 의 노 트

    시에서 첫 문장은 신이 주시는 선물이라는 말이 있다. 어찌 그런 문장이 누구에게나 항용 허락되겠는가. 하지만 시를 읽다가 문득 그런 문장을 만날 때가 있다. 정신이 번쩍 드는 순간이다.

    그럴 때마다 나는 생각해 본다. 왜 내가 생각하고 있던 문장이 여기 와있는 거지? 이걸 내가 썼어야 하는데 이미 누군가 써버렸네!

    그것은 실망이고 쾌재이고 또 야릇한 기쁨, 감동이다. '내 마음을 아실 이'가 그렇고 중간에 이르러 '내 혼자 마음 날같이 아실 이'는 더욱 그렇다.

나를 살리는 문장

때로는 외롭고 고달프기까지 한 인생. 하지만 이런 손길 하나만이라도 있다면 큰 위로가 되고 큰 응원이 될 것입니다. 우리도 누군가에게 그런 따뜻함과 위로의 응원과 동행이 되었는지 생각해 봅니다.

우연
쉬즈모

나는 하늘의 한 조각 구름

어쩌다 그대 물결치는 마음에

그림자를 드리우더라도

놀라지 마세요

기뻐하지도 마세요

순식간에 흔적도 없이 사라질 테니까요

그대와 나 어두운 밤바다에서 만났지요

그대는 그대의 길이, 나는 나의 길이 있어요

그대가 나를 기억하는 것도 좋겠지만

더 좋은 것은 나를 아예 잊는 일

우리가 만났을 때 쏟아졌던 눈부신 빛조차도.

우연
——
쉬즈모

시	인	의		
			노	트

놀랍다. 공산주의가 한창 일어나던 시절의 중국에 이런 시와 시인이 있었다니. 그러기에 한때 핍박을 받고 뒤에 또 복권되고 그랬을 것 같다. 중국 현대시의 기원이 되는 시인이란다. 그런데 내가 몰랐던 것은 오로지 내 무관심과 무식의 탓이다.

좋은 가문에서 태어난 엘리트로 한꺼번에 여러 여성과의 사랑으로도 소문이 등등했으며 결국 비행기 추락 사고로 요절했다고 한다. 시인의 삶처럼 멜랑콜리하고 자유분방한 시. 사랑의 문장이다. 얼핏 여성 시인의 시를 읽는 느낌이 든다.

나를 살리는 문장

인간은 어쩌면 감정적인 존재가 아닐까요. 감정 때문에 잘못되기도 하고 행복을 느끼기도 하고 불행을 느끼기도 합니다. 의외로 인간의 문제 가운데 많은 분야를 감정이 좌우하고 있습니다. 이러한 감정을 조절하는 가장 좋은 방법은 시를 읽고, 시를 생각하고, 가슴에 간직하는 일일 것입니다.

나와 나타샤와 흰 당나귀

백석

가난한 내가
아름다운 나타샤를 사랑해서
오늘 밤은 푹푹 눈이 나린다

나타샤를 사랑은 하고
눈은 푹푹 날리고
나는 혼자 쓸쓸히 앉아 소주를 마신다
소주를 마시며 생각한다
나타샤와 나는
눈이 푹푹 쌓이는 밤 흰 당나귀 타고
산골로 가자 출출이 우는 깊은 산골로 가 마가리에 살자

눈은 푹푹 내리고
나는 나타샤를 생각하고
나타샤가 아니 올 리 없다
언제 벌써 내 속에 고조곤히 와 이야기한다
산골로 가는 것은 세상한테 지는 것이 아니다
세상 같은 건 더러워 버리는 것이다

눈은 푹푹 나리고

아름다운 나타샤는 나를 사랑하고

어데서 흰 당나귀도 오늘 밤이 좋아서 응앙응앙 울을 것
이다

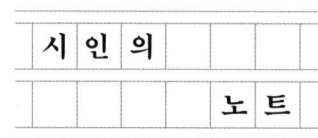

시인의 노트

― 나와 나타샤와 흰 당나귀 ― 백석

매우 이국적인 정서가 깃든 작품이다. 북국의 풍경을 한가득 품고 있는 또 다른 세상이다. 우선은 '나타샤'란 이름이 그렇다. 여성 이름인 것 같다. 어쩌면 러시아 소설 속에나 나올 그런 여성의 이름.

왜 그런 이국의 여성 이름이 한국인 시인의 입에 오르내려 연인으로 바뀌었을까. 어쩌면 이런 이국 취향이 이 시의 매력이요 기저 정서인지도 모르겠다. 그런 점이 오늘날 젊은 독자들에게 매력으로 통하겠지 싶다.

사랑은 언제나 맹목이다. 무작정 좋아하는 것이고 무작정 기우는 마음이고 무작정 무너짐이다. 출출이(뱁새) 소리를 따라가다 보면 어디쯤 나타샤와 새롭게 살림을 차린 시인의 마가리(오두막집)를 찾을지 모른다.

나를 살리는 문장

세상에 있는 모든 딸들아. 살기가 힘드냐? 견뎌내기가 버겁냐? 그럴 것이다. 그래도 참아야 하고 견뎌내야 한다. 너희들도 가슴속에 꿈꾸는 예쁘고 사랑스러운 것을 품어보기 바란다. 다시금 너의 딸들을 사랑하기 바란다. 그러면 조금씩 견뎌지고 이겨내지고 끝내 꽃을 피워내는 날이 있기도 할 것이다.

첫사랑

요한 볼프강 폰 괴테

아, 누가 그 아름다운 날들을 다시 가져다줄 수 있으랴,
저 첫사랑의 날.
아, 누가 그 아름다운 때를 다시 돌려줄 수 있으랴,
저 사랑스러운 때.

단 한 조각이라도 돌려줄 수 있다면!
쓸쓸히 나는 이 상처를 보듬고 있다.
끊임없이 솟아나는 가슴속 한탄과 더불어
잃어버린 행복을 슬퍼한다.

아, 누가 그 아름다운 날들을 가져다줄 수 있으랴!
그 즐거운 때.

첫사랑 ── 요한 볼프강 폰 괴테

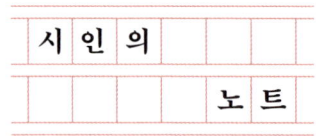

시인의 노트

괴테가 그런 사람이다. 세상의 축복을 있는 대로 받은 사람. 그 축복을 다시 문학작품으로 남겨 세상을 두고두고 축복해주는 사람. 괴테의 문장에서는 언제나 빛이 나온다. 그것이 독일 말을 떠나 다른 나라 말이 된 뒤에도 말이다.

첫사랑의 기쁨, 그 설렘과 한탄, 후회스러움과 아쉬움과 다시금 안타까움. 누군들 안 그랬으랴. 짐짓 모른 척하고 넘기고 또 모르고 넘어갈 따름이다. 꿈같이 흘러간 날들. 그때 나는 진실로 나였고 너는 참 어여쁜 나의 사람이었다.

나를 살리는 문장

인간의 사랑은 순간적입니다. 순간에 번지는 짧은 노래이며 기쁨과 같은 것이 사랑입니다. 영원한 사랑은 세상 어디에도 존재하지 않습니다. 시도 인간의 목숨이나 사랑만치나 순간적인 것입니다. 순간의 불꽃이요, 순간의 기쁨이요, 그 노래에 지나지 않습니다.

행복

유치환

사랑하는 것은
사랑을 받느니보다 행복하나니라.
오늘도 나는
에메랄드빛 하늘이 환히 내다뵈는
우체국 창문 앞에 와서 너에게 편지를 쓴다.

행길을 향한 문으로 숱한 사람들이
제각기 한 가지씩 생각에 족한 얼굴로 와선
총총히 우표를 사고 전보지를 받고
먼 고향으로 또는 그리운 사람께로
슬프고 즐겁고 다정한 사연들을 보내나니,

세상의 고달픈 바람결에 시달리고 나부끼어
더욱더 의지 삼고 피어 헝클어진
인정의 꽃밭에서
너와 나의 애틋한 연분도
한 방울 연연한 진홍빛 양귀비꽃인지도 모른다.

사랑하는 것은
사랑을 받느니보다 행복하나니라.
오늘도 나는 너에게 편지를 쓰나니
그리운 이여, 그러면 안녕!

설령 이것이 이 세상 마지막 인사가 될지라도
사랑하였으므로 나는 진정 행복하였네라.

행복 ──── 유치환

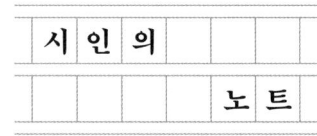

통영에 여행을 가서 보니 통영 중앙동우체국 입구에 시비가 세워져 있었다. 바로 유치환 시인의 「행복」이란 시. 통영이란 도시가 문화적으로 격조 높은 도시라지만 이것은 많이 특별한 일이다.

까닭은 이 우체국에서 유치환 시인이 이영도 시인에게 수없이 많은 편지를 보냈다는 걸 기억하고 기념하기 위해서라고 한다. 그 고장에서 살았던 시인들도 대단하지만 그걸 기리는 지역민들도 대단하다.

힘찬 시를 써서 '의지의 시인'이란 말을 듣는 시인. 그런 시인에게 이토록 애틋한 시가 있다니 이 또한 놀라운 일이다. 이 시를 읽으면서 우리는 사랑의 본질을 새삼 깨닫는다. 역시 시의 덕성이다.

나를 살리는 문장

이제는 그대가 나이고 내가 그대임을 모르지 않고 그대 또한 모르지 않기 때문입니다. 순간순간 그대와 내가 만나고 헤어지고 다시 만나는 그곳쯤에 빛나기 시작하는 별 하나를 우리가 볼 것입니다.

바람의 말
마종기

우리가 모두 떠난 뒤
내 영혼이 당신 옆을 스치면
설마라도 봄 나뭇가지 흔드는
바람이라고 생각지는 마.

나 오늘 그대 알았던
땅 그림자 한 모서리에
꽃나무 하나 심어 놓으려니
그 나무 자라서 꽃 피우면
우리가 알아서 얻은 모든 괴로움이
꽃잎 되어서 날아가 버릴 거야.

꽃잎 되어서 날아가 버린다.
참을 수 없게 아득하고 헛된 일이지만
어쩌면 세상 모든 일을
지척의 자로만 재고 살 건가.
가끔 바람 부는 쪽으로 귀 기울이면
착한 당신, 피곤해져도 잊지 마,
아득하게 멀리서 오는 바람의 말을.

바람의 말 —— 마종기

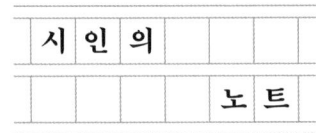

아, 바람의 말이네. 발도 없이 흘러가고 팔도 없이 만지고 입도 없이 말하고 귀도 없이 듣는 바람. 허무하면서도 안타깝고 서러운 바람. 실은 그 바람은 내가 사랑했던 사람의 영혼. 바람이었기에 자취 없이 내 곁을 맴돌면서 나를 지켜보면서 나에게 말을 하네.

사랑했다고, 사랑한다고, 사랑할 것이라고. 사랑의 헛헛함, 덧없음이여. 원대함이여. '착한 당신, 피곤해져도 잊지 마,' 이 말 한마디에 우리는 그만 무너져 버리고 만다. 그냥, 무조건 착한 사람이 되어버리고 만다. 사랑 앞에서 일어나는 기적, 사랑의 힘이고 시의 힘이다.

나를 살리는 문장

내 마음의 아이에게

아이야, 고마워.
내 마음속에 네가 살고 있어서
나는 쉬지 않고 숨을 쉴 수 있고
또 시를 쓸 수도 있단다.

언제나 먼 곳을 꿈꾸고
언제나 낯선 것들을
그리워하는 너.

부부

함민복

긴 상이 있다

한 아름에 잡히지 않아 같이 들어야 한다

좁은 문이 나타나면

한 사람은 등을 앞으로 하고 걸어야 한다

뒤로 걷는 사람은 앞으로 걷는 사람을 읽으며

걸음을 옮겨야 한다

잠시 허리를 펴거나 굽힐 때

서로 높이를 조절해야 한다

다 온 것 같다고

먼저 탕 하고 상을 내려놓아서도 안 된다

걸음의 속도도 맞추어야 한다

한 발

또 한 발

부 부 ──── 함민복

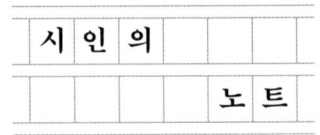

　일화가 있다. 시인이 절친한 후배로부터 결혼식 주례를 부탁받았다고 한다. 그런데 정작 시인 자신은 노총각이었다는 것. 거절하다 못해 끝내 주례를 서긴 했고, 그 뒤에 결혼식에서 한 주례사를 바탕으로 시 한 편을 썼다고 한다. 그 시가 바로 위의 시라는 것.
　아직 결혼도 하지 않은 총각이 주례를 섰다는 것도 특별하고 그런 선배에게 주례 부탁을 한 후배도 특별하다. 더욱 특별한 것은 결혼도 해보지 않는 사람이 까다롭고 복잡한 부부생활의 비밀을 잘도 알아내고 그것을 시로 쓰기까지 했다는 것이다. 놀라운 일이다. 시인의 직관과 시의 비유가 협동한 아름다운 결과라 할 것이다.
　50년 가까이 함께 산 우리 부부도 가끔은 집안에서 큰 상을 마주 들고 다니는 일이 있는데 그럴 때마다 나는 함민복 시인의 이 시를 떠올린다. '한 발/ 또 한 발', '걸음의 속도'를 맞추어서 하나둘, 하나둘, 조심스럽게, 천천히, 앞으로 앞으로, 또 옆으로.

나를 살리는 문장

사랑의 말은 작을수록 좋습니다.

가까이 귓속말로 둘이서

알아듣기만 하면 되니까요.

약속 또한 작은 약속이 소중합니다.

어떠한 약속도 지켜져야만 하는 것이니까요.

소녀상 少女像

송영택

이 밤은
나뭇잎이 지는 밤이다

생각할수록 다가오는 소리는
네가 오는 소리다
언덕길을 내려오는 소리다

지금은
울어서는 안 된다
다시 가만히 어머니를 생각할 때다

별이 나를 내려다보듯
내가 별을 마주 서면
잎이 진다 나뭇잎이 진다

멀리에서
또 가까이서…

소녀상 —— 송영택

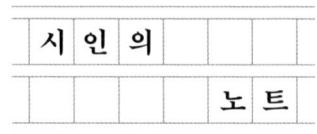

고등학교 다닐 때 『현대문학 추천시집』이란 책에서 처음 이름을 익힌 시인이다. 시가 예쁘고 사랑스러웠다. 소년 취향이었다. 나중에 보니 그는 독문학자로서 독일 시인들의 시를 아주 잘 번역한 번역가였다.

오랜 시간이 지난 뒤에 이 시인으로부터 시집 한 권을 받았다. 생전 처음 낸 시집이다. 『너와 나의 목숨을 위하여』. 당신의 시로 해서 시를 시작한 나는 수십 권의 시집을 냈는데 정작 그 장본인은 첫 시집이라니!

어떻게든 한번 만나고 싶었다. 주소가 정읍으로 되어있어 정읍 쪽 문학강연 갔던 길에 연락을 드려 만나 뵈었다. 따님 댁에서 노년을 보내고 계신다 했다. 해 밝은 땅에서 당신의 시처럼 고운 인생을 사는 분이셨다.

나를 살리는 문장

책을 읽는 사람의 눈과 귀와 입과 손은 책을 읽는 동안 책한테 붙잡히게 되고 책 그 자체가 되고, 그리하여 끝내 책의 '주인공의 팔을 잡'게 됩니다. 참 아름다운 동행입니다. 독서의 기쁨, 이러한 동행이 허락되는 한 우리는 때때로 행복해도 좋을 것입니다.

가을의 노래
박용래

깊은 밤 풀벌레 소리와 나뿐이로다
시냇물은 흘러서 바다로 간다
어두움을 저어 시냇물처럼 저렇게 떨며

흐느끼는 풀벌레 소리……
쓸쓸한 마음을 몰고 간다
빗방울처럼 이었는 슬픔의 나라
후원을 돌아가며 잦아지게 운다
오로지 하나의 길 위
뉘가 밤을 절망이라 하였나
말긋 말긋 푸른 별들의 눈짓
풀잎에 바람
살아 있기에
밤이 오고
동이 트고
하루가 오가는 다시 가을밤
외로운 그림자는 서성거린다
찬 이슬밭엔 찬 이슬에 젖고
언덕에 오르면 언덕

허전한 수풀 그늘에 앉는다

그리고 등불을 죽이고 침실에 누워

호젓한 꿈 태양처럼 지닌다

허술한

허술한

풀벌레와 그림자와 가을밤

가을의 노래 —— 박용래

시인의 노트

　독자들이나 비평가들은 박용래 시인의 후기시를 좋아한다. 짧고도 간결한 표현이 마음을 자극하면서 적지 않은 파장을 주기 때문이다. 빼어난 언어 미학은 한국어가 얼마나 빛부시도록 아름다운 것인가를 알려준다.

　그러나 나는 때로 시인의 초기 시를 읽는다. 조금은 어수룩하고 부족한 듯한 시. 더 많이 생략을 했으면 좋았을 것 같은 시. 시인이 되는 초기 과정에서 많은 망설임과 자기반성이 들어있는 시.

　나는 그러한 박용래 시인의 시가 좋았다. 풋풋해서 좋았다. 아직은 서툰 듯한 발성이 좋았다. 마냥 좋았다. 실은 시의 행간에서 내 청춘의 숨결을 읽었는지도 모를 일이다.

나를 살리는 문장

사람들은 흔히 대화란 것을 사람끼리만 하는 것으로 알기 쉬운데 실은 그렇지 않습니다. 인간은 마음이 있는 존재이므로 이 마음을 동원하여 세상 만물과 대화할 수 있습니다. 실은 내가 혼자 말하고 혼자 대답하는 것이지만 나무와도 말할 수 있고 구름, 바람, 나무, 새, 풀꽃, 개울물이나 산과도 말을 나눌 수 있는 것입니다.

그리움

이용악

눈이 오는가 북쪽엔
함박눈 쏟아져 내리는가

험한 벼랑을 굽이굽이 돌아간
백무선白茂線 철길 위에
느릿느릿 밤새워 달리는
화물차의 검은 지붕에

연달린 산과 산 사이
너를 남기고 온
작은 마을에도 복된 눈 내리는가

잉크병 얼어드는 이러한 밤에
어쩌자고 잠을 깨어
그리운 곳 차마 그리운 곳

눈이 오는가 북쪽엔
함박눈 쏟아져 내리는가

그리움 —— 이용악

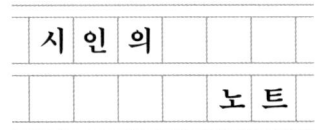

시인의 노트

    애당초 우리 시단에는 북국의 정서 같은 것이 있었나 보다. 먼 나라. 아득한 고장. 겨울에 춥고 눈이 많이 내리는 곳. 봄이 늦고 짧은 곳. 내가 가보지 않은 곳. 아니 시인이 살다가 떠나온 고장.
    지명이나 단어도 조금은 낯설고 엉뚱하다. 이것이 우리에게 호기심을 유발한다. 가난하고 불편하고 어쩌면 지긋지긋했던 삶의 현장이다. 그런데 떠나보니 그것이 아닌 것이다.
    그 궁핍과 불편함과 어둠이 다시금 그리움이 되어 찾아온다. 인간은 이렇게 모순적이다. 지금은 사라진 정서, 그것도 굵직한 남성의 정서. 내가 만약 어려서 이런 시를 읽었다면 나의 시의 분위기가 훨씬 넓어졌을 것이다.

나를 살리는 문장

말이 같다는 것, 핏줄이 하나라는 것, 생각과 표정이 비슷하다는 것, 정신의 뿌리가 연결되어 있다는 것은 우리에게 얼마나 눈물겨운 사실이며 소중한 자산인가. 흔들리고 고달프고 서로 심정적으로 버팅길 때 돌아갈 수 있는 고향이 있다는 건 얼마나 감사로운 일인가.

상처

조르주 상드

나는 덤불 속에 가시가 있다는 것을 알지만
그렇다고 꽃을 찾던 손을 멈추지는 않겠네.
그 안의 꽃이 모두 아름다운 것은 아니지만
만약 그렇게라도 하지 않는다면
꽃의 향기조차 맡을 수 없기에.

꽃을 꺾기 위해서 가시에 찔리듯
사랑을 구하기 위해서는
내 영혼의 상처도 감내하겠네.
상처받기 위해 사랑하는 게 아니라
사랑하기 위해 상처받는 것이기에.

상처 ── 조르주 상드

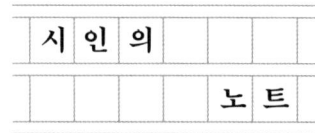

이 사람은 보다 본질적이고 용기가 있는 사람이다. 가시덤불 속에 가시가 있다는 걸 알지만 결코 꽃을 찾는 손길을 멈추지 않겠다는 자각. 귀한 것이다. 당당한 것이다. 그야말로 젊은 이의 특권이요, 용기다. '상처받기 위해 사랑하는 게 아니라/ 사랑하기 위해 상처받는 것이기에.' 이러한 구절은 몇 번이고 외우다 보면 우리에게도 그런 용기가 조금씩 돌아오지 않을까. 이럴 때 시는 참 유용하다. 프랑스 낭만주의 시대 사랑의 여신, 남장 여인. 연하남인 시인 뮈세, 음악가 쇼팽과의 모성애적 사랑은 전설적이다.

나를 살리는 문장

시는 삶에서 우러나옵니다.

이제 나의 삶은 즐겁지만도 아니하고

고통스럽지만도 아니합니다.

오히려 씁쓰름한 가운데

은은한 향기가 배어나옴을 깨닫게 됩니다.

너는 한 송이 꽃과 같이

― 하인리히 하이네

너는 한 송이 꽃과 같이
사랑스럽고 아름답고 순수하다.
너를 바라보면, 비애가
내 마음속에 스며든다.

두 손 모아 너의 머리 위에 얹고
이렇게 기도드리고 싶다.
신이여 지켜주소서
순수하고 아름답고 사랑스럽게.

시인의 노트

너는 한 송이 꽃과 같이 ── 하인리히 하이네

오래전의 일이다. 독일 여행길, 프랑크푸르트 공항에서 내려 라인강을 거쳐 로렐라이 언덕에 올랐을 때 「로렐라이 언덕」 노래의 가사를 떠올려 보았으나 끝내 생각이 나지 않아 안타까웠던 기억이 난다.

바로 그 노래 「로렐라이 언덕」의 작사가, 하이네. 독일 최고의 민요 시인. 그의 시는 열정적이다. 속내를 굳이 감추려 하지 않는다. 마치 우리나라 김소월 시인의 시를 읽는 듯. 낭만은 그렇게 국경을 넘고 세월을 넘어 멀리까지 간다.

나를 살리는 문장

고결한 인품은 향기와 같습니다. 향기는 자취도 없고 모양이나 빛깔도 없고 소리 또한 없지만 오래가고 멀리까지 갑니다. 더구나 좋은 문장에 실린 인품은 더욱 오래갑니다. 뒷날에 사는 사람들의 마음까지도 울려주고 오래도록 감싸안아 주곤 하는 것입니다.

장미와 가시

김승희

눈먼 손으로
나는 삶을 만져 보았네.
그건 가시투성이였어.

가시투성이 삶의 온몸을 만지며
나는 미소 지었지.
이토록 가시가 많으니
곧 장미꽃이 피겠구나 하고.

장미꽃이 피어난다 해도
어찌 가시의 고통을 잊을 수 있을까
해도
장미꽃이 피기만 한다면
어찌 가시의 고통을 버리지 못하리오.

눈먼 손으로
삶을 어루만지며
나는 가시투성이를 지나
장미꽃을 기다렸네.

그의 몸에는 많은 가시가
돋아 있었지만, 그러나,
나는 한 송이의 장미꽃도 보지 못하였네.

그러니, 그대, 이제 말해주오,
삶은 가시장미인가 장미가시인가
아니면 장미의 가시인가, 또는
장미와 가시인가를.

장미와 가시 — 김승희

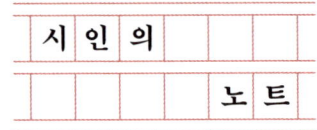

시인의 노트

　세상을 바라보는 관점 가운데 가장 보편적이고 편리한 방법은 이분법. 폐단이 없지 않지만 그보다 좋은 방법은 없지 싶다.
　좋은 것과 나쁜 것. 너와 나. 밤과 낮. 행복과 불행. 그리고 삶과 죽음. 그 이분법적 사고 안에서 이 세상 모든 것. 인간의 모든 것들은 무릎을 꿇는다.
　장미를 꽃으로 보면 꽃이고 가시나무로 보면 또 가시나무다. 이보다 더 좋은 발견, 명쾌한 결론은 없다. 우리네 인생살이, 부디 하루하루가 가시나무가 아니고 장미꽃이기를 빌어본다.

나를 살리는 문장

인생 자체가 결핍을 극복하는 과정이고 결핍 뒤에 오는 눈부신 축복이란 것을 시인은 또 일찍이 이렇게 알고 있었나 봅니다. 그래서 미완성은 미완성이 아니고 완성이 됩니다. 아니, 미완성 그대로가 완성인 것이 인생입니다.

그 사람을 가졌는가

함석헌

만 리 길 나서는 날
처자를 내맡기며
맘 놓고 갈 만한 사람
그 사람을 그대는 가졌는가

온 세상 다 나를 버려
마음이 외로울 때에도
'저 맘이야' 하고 믿어지는
그 사람을 그대는 가졌는가

탔던 배 꺼지는 시간
구명대 서로 사양하며
'너만은 제발 살아다오' 할
그 사람을 그대는 가졌는가

불의의 사형장에서
'다 죽여도 너희 세상 빛을 위해
저만은 살려두거라' 일러 줄
그 사람을 그대는 가졌는가

잊지 못할 이 세상을 놓고 떠나려 할 때
'저 하나 있으니' 하며
빙긋이 웃고 눈을 감을
그 사람을 그대는 가졌는가

온 세상의 찬성보다도
'아니' 하고 가만히 머리 흔들 그 한 얼굴 생각에
알뜰한 유혹을 물리치게 되는
그 사람을 그대는 가졌는가

그 사람을 가졌는가 —— 함석헌

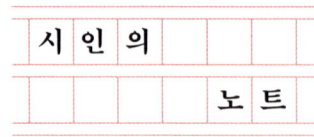

시인의 노트

    기독교 문필가와 민중 운동가로 산 분이다. 삶의 궤적이 크고 목소리가 우렁찼다. 그러나 그분은 시인이었다. 본성이 그랬다. 언제쯤 이 시를 처음 만났던가. 기억은 분명치 아니하지만 놀라운 마음이 있었다.

    아, 이런 시도 있었구나. 호통소리가 들어있었다. 속속 그것은 질문이었다. 제목부터 질문이었고 내용도 질문. 여섯 개의 질문이 폭포처럼 이어지고 있다. 내 어찌 그 가운데 하나라도 감당할 수 있을까 보냐.

    고개가 절로 숙어진다. 어찌 저 말씀을 가슴에 안으랴. 부끄럽다. 어찌해야 하나? 지금부터라도 정신 차리고 잘 살아야 할 일이다. 이런 문장이 번번이 나를 살리고 내 인생의 길을 고쳐놓았다. 고마운 일이다.

나를 살리는 문장

결코 나는 한 번도 너를

만난 일은 없지만

시를 쓸 때, 시를 생각할 때,

언뜻언뜻 너의 뒷모습을 보곤 하지.

앞으로도 오래

내 마음속에서 떠나지 말고

나와 함께 살아주기를 바란다.

3.

바람이 분다… 살아야겠다

눈이 온다 · 신경림
해마다 봄이 되면 · 조병화
아버지의 마음 · 김현승
엄마가 휴가를 나온다면 · 정채봉
어린것 · 나희덕
대숲 아래서 · 나태주
길 · 김기림
시월에 · 문태준
살아야겠다 · 폴 발레리
떠나가는 배 · 박용철
서시 · 윤동주
어머니께 · 헤르만 헤세
따뜻한 봄날 · 김형영
청포도 · 이육사
먼길 · 윤석중
30년 전 · 서정춘
가을 · 릴케
감각 · 랭보
초혼 · 김소월
그리움 · 유치환

눈이 온다

신경림

그리운 것이 다 내리는 눈 속에 있다.
백양나무 숲이 있고 긴 오솔길이 있다.
활활 타는 장작 난로가 있고 젖은 네 장갑이 있다.
아름다운 것이 다 쌓이는 눈 속에 있다.
창이 넓은 카페가 있고 네 목소리가 있다.
기적 소리가 있고 바람 소리가 있다.

지상의 모든 상처가 쌓이는 눈 속에 있다.
풀과 나무가, 새와 짐승이 살아가며 만드는
아픈 상처가 눈 속에 있다.
우리가 주고받은 맹서와 다짐이 눈 속에 있다.
한숨과 눈물과 상처가 되어 눈 속에 있다.

그립고 아름답고 슬픈 눈이 온다.

눈이 온다 —— 신경림

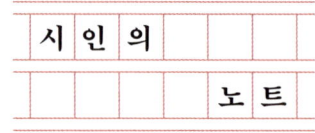

내내 신경림 시인의 시를 찾아서 읽었지만 이렇게 절실하면서도 아름다운 시를 읽는 것은 처음이다. 참 아름답다. 가슴이 뻐근해진다. 지금 이 시인은 눈 오는 세상 풍경 앞에 있다. 그러면서 지나온 생애를 돌아보는 회상에 젖어있다. 이런저런 일들. 기쁘고도 슬프고도 아름다웠던 일들. 때로는 상처가 되어 옹이가 되어 남은 일들. 한 편의 시에서 한 사람의 전 생애를 조감하고 느끼는 일은 그다지 흔한 일이 아니다.

'그립고 아름답고 슬픈 눈이 온다.'는 마지막 문장이 가슴에 남아 울렁거린다. 커다란 종에서 울려 나온 종소리가 멀리까지 가서 사람들 마음에 맴돌며 오랫동안 지워지지 않듯이. 모처럼 좋은 시를 읽는 일은 그 어떤 것과도 바꿀 수 없는 기쁨이다.

나를 살리는 문장

비가 내립니다. 겨울인데도 추적추적 비가 내립니다. 겨울이 오면 봄도 멀지 않으리……. 까치집도 비에 젖고 상수리나무 아래 상수리 나뭇잎, 밤나무 아래 밤나뭇잎도 비에 젖고 우리 집 초라한 지붕도 비에 젖고 나도 비에 젖습니다. 내 마음이 비에 젖습니다.

해마다 봄이 되면

조병화

해마다 봄이 되면
어린 시절 그분의 말씀
항상 봄처럼 부지런해라
땅 속에서, 땅 위에서
공중에서
생명을 만드는 쉬임 없는 작업
지금 내가 어린 벗에게 다시 하는 말이
항상 봄처럼 부지런해라

해마다 봄이 되면
어린 시절 그분의 말씀
항상 봄처럼 꿈을 지녀라
보이는 곳에서
보이지 않는 곳에서
생명을 생명답게 키우는 꿈
봄은 피어나는 가슴
지금 내가 어린 벗에게 다시 하는 말이
항상 봄처럼 꿈을 지녀라

오, 해마다 봄이 되면

어린 시절 그분의 말씀

항상 봄처럼 새로워라

나뭇가지에서 물 위에서 뚝에서

솟는 대지의 눈

지금 내가 어린 벗에게 다시 하는 말이

항상 봄처럼 새로워라

해마다 봄이 되면 —— 조병화

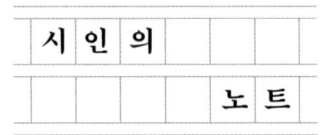
시인의 노트

    조국 광복이 있자마자 한국전쟁이 일어나 1950년대는 매우 스산하고 가난하고 춥고 힘든 세상이었다. 이런 모진 세상의 강물을 건너면서 멋과 여유와 낭만을 보여준 시인이 조병화 시인이다.

    비록 내가 누리지는 못하는 일이지만 다른 사람이 누리는 것을 바라보는 것은 그만큼 선망이었고 언젠가는 나도 그렇게 될 수 있다는 희망이 되기도 했다. 그만큼 그 시절은 선의가 살아있던 시절이었다. 낭만의 시인에게도 이렇게 조금은 교훈적인 시가 있다. 시인이면서 대학교 교수로 살았기 때문에 그랬을 것이란 짐작이지만 실은 이 시는 시인의 어머니가 평소에 하신 말씀을 문장으로 옮긴 작품이란다.

나를 살리는 문장

언제나 봄은 봄이 아니었습니다. 언제나 가을도 가을이 아니었습니다. 그러나 언제나 봄은 봄이었고 가을은 또 가을. 봄을 가슴에 품고 가을 생각 잊지 않으면, 봄이 아니어도 봄이었고 가을이 아니어도 가을이었습니다.

아버지의 마음

김현승

바쁜 사람들도
굳센 사람들도
바람과 같던 사람들도
집에 돌아오면 아버지가 된다.

어린 것들을 위하여
난로에 불을 피우고
그네에 작은 못을 박는 아버지가 된다.

저녁 바람에 문을 닫고
낙엽을 줍는 아버지가 된다.

세상이 시끄러우면
줄에 앉은 참새의 마음으로
아버지는 어린것들의 앞날을 생각한다.
어린것들은 아버지의 나라다 ― 아버지의 동포_{同胞}다.

아버지의 눈에는 눈물이 보이지 않으나
아버지가 마시는 술에는 항상

보이지 않는 눈물이 절반이다.

아버지는 가장 외로운 사람이다.

아버지는 비록 영웅英雄이 될 수도 있지만…….

폭탄을 만드는 사람도

감옥을 지키던 사람도

술가게의 문을 닫는 사람도

집에 돌아오면 아버지가 된다.

아버지의 때는 항상 씻김을 받는다.

어린것들이 간직한 깨끗한 피로…….

아버지의 마음 —— 김현승

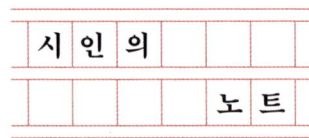
시인의 노트

   이보다 힘찬 아버지의 찬가가 없다. 이보다 장한 아버지의 응원이 없다. 항상 강하고 힘 있는 것 같으면서도 속으로는 한없이 나약한 남자 어른. 그를 우리는 때로 아버지라 부른다.

   무슨 일이든 앞장서야 하고 어떤 일이든 유능해야 하고 언제든 참아야 하고 무슨 문제든 해결해야 하는 사람. 그는 속으로는 울고 있는 사람이고 돌아서서 한숨 쉬는 사람이다.

   하지만 세상에 이런 사람이 없으면 어떻게 되겠는가? 세상의 아버지들이여. 이 땅의 아버지들이여. 힘내시라. 용기를 내시라. 기죽지 마시라. 당신들의 튼튼한 이웃이 있고 동행이 있고 응원자가 있다.

나를 살리는 문장

고달픈 마음.
이것이 요즘 시대를 살아가는 사람들의 아픔입니다.
예전 사람들은 배고프지 않기 위해서, 춥지 않기 위해서
살았습니다. 그것이 삶의 목표였지요.
그러나 요즘 사람들은 외롭지 않기 위해서 삽니다.

엄마가 휴가를 나온다면

정채봉

하늘나라에 가 계시는
엄마가
하루 휴가를 얻어 오신다면
아니 아니 아니 아니
반나절 반 시간도 안 된다면
단 5분
그래, 5분만 온대도 나는
원이 없겠다

얼른 엄마 품속에 들어가
엄마와 눈맞춤을 하고
젖가슴을 만지고
그리고 한 번만이라도
엄마!
하고 소리 내어 불러 보고
숨겨 놓은 세상사 중
딱 한 가지 억울했던 그 일을 일러바치고
엉엉 울겠다.

엄마가 휴가를 나온다면 ──── 정채봉

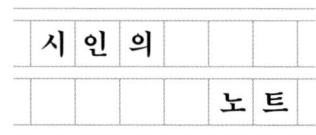

동화작가 정채봉. 아름다운 동화 『오세암』의 작가 정채봉. 그는 한편으로 시인이었다. 맑고도 따스하고 그윽한 시를 쓰는 시인이었다. 「엄마가 휴가를 나온다면」은 그런 그의 시 가운데 한 편.

어머니에 대한 시다. 그것도 돌아가신 어머니에 대한 시다. 어쩌면 작가는 매우 어렸을 때 어머니를 잃었을지도 모른다. 인간에게 모성 상실은 크나큰 시련 가운데 하나. 그걸 이기는 것이 그의 생애였으리라.

하늘나라에 계신 어머니가 세상으로 휴가 나왔으면 좋겠다는 발상도 애달프지만 '반나절 반 시간도 안 된다면/ 단 5분만' 엄마를 만나 그 가슴에 안겨보면 좋겠다는 아들의 소원은 가슴이 아프다 못해 저리다.

나를 살리는 문장

우리는 한 시절 모두가 그렇게 순결한 마음의 소유자이기도 했었습니다. 시를 읽으면서 어느새 그 시절의 아이로 돌아오곤 합니다.

어린것

나희덕

어디서 왔을까 깊은 산길
갓 태어난 듯한 다람쥐 새끼
물끄러미 나를 바라보고 있다
그 맑은 눈빛 앞에서
나는 아무것도 고집할 수가 없다
세상의 모든 어린것들은
내 앞에 눈부신 꼬리를 쳐들고
나를 어미라 부른다
괜히 가슴이 저릿저릿한 게
핑그르르 굳었던 젖이 돈다
젖이 차올라 겨드랑이까지 찡해오면
지금쯤 내 어린것은
얼마나 젖이 그리울까
울면서 젖을 짜버리던 생각이 문득 난다
도망갈 생각조차 하지 않는
난만한 그 눈동자,
너를 떠나서는 아무 데도 갈 수 없다고
갈 수도 없다고
나는 오르던 산길을 내려오고 만다
하, 물웅덩이에는 무사한 송사리 떼

어린것 ── 나희덕

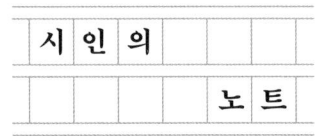

내 안에 여성의 혼이라도 살아있었던 걸까? 이 시를 처음 읽고 나서 나는 왈칵 울음을 내놓을 뻔했다. 저 모정. 저 오로지 외곬의 모정. 어머니의 사랑보다 더 큰 사랑이 어디 더 있을까 보냐.

내용은 단순 명쾌하여 시인이 산길을 가다가 다람쥐를 만나 그 맑고도 순한 눈길과 마주치다가 아무것으로도 고집할 수 없는 사랑을 느꼈다는 것이요, 산길을 내려오다가 물웅덩이에 갇혀있는 한 무리의 송사리 떼를 보면서 모정이 다시금 발로되었다는 것이다.

아, 저 눈부신 모정이여. 깊고도 아름답고도 머나먼 모정이시여. 저 모정이 우리를 가시밭길 힘든 인생길을 그런대로 힘들지 않게 인도하신다. 고마우신지고, 시들지 마시라. 어머니 마음들이여.

나를 살리는 문장

다행스런 일

내 시는 세상에 보내는 러브레터,
지향없는 하소연이며 고백.
늘상 외롭고 애달프다.

나의 시는 바람이 써주는 시.
꽃이 대신 써주고 새들이 대신 써주는 시.
그래서 다시금 외롭고
애달프지만은 아니하다.

대숲 아래서

나태주

1

바람은 구름을 몰고

구름은 생각을 몰고

다시 생각은 대숲을 몰고

대숲 아래 내 마음은 낙엽을 몬다.

2

밤새도록 댓잎에 별빛 어리듯

그슬린 등피에는 네 얼굴이 어리고

밤 깊어 대숲에는 후둑이다 가는 밤 소나기 소리

그리고도 간간이 사운대다 가는 밤바람 소리.

3

어제는 보고 싶다 편지 쓰고

어젯밤 꿈엔 너를 만나 쓰러져 울었다

자고 나니 눈두덩엔 메마른 눈물자죽.

문을 여니 산골엔 실비단 안개.

4
모두가 내 것만은 아닌 가을,
해 지는 서녘구름만이 내 차지다
동구 밖에 떠드는 애들의
소리만이 내 차지다
또한 동구 밖에서부터 피어오르는
밤안개만이 내 차지다

하기는 모두가 내 것만은 아닌 것도 아닌
이 가을,
저녁밥 일찍이 먹고
우물가에 산보 나온
달님만이 내 차지다.
물에 빠져 머리칼 헹구는
달님만이 내 차지다.

시인의 노트

대숲 아래서 —— 나태주

나의 작품이다. 1971년 『서울신문』 신춘문예에 당선된 작품이다. 그렇다. 이 작품이 나를 시인으로 만들어주었다. 얼마나 오래 이 시를 입에 달고 살았던가. 따듬따듬 외우는 시 한 편이 또 이 시다.

나의 청춘이 들어있다. 침몰 직전의 청춘. 난파선과 같은 날들이 넘실거린다. 그런데도 시의 내용이 온건한 건 오로지 문장의 덕성이고 시가 가진 은총이다.

실상 데뷔작이 대표작이 되면 그 시인은 제자리걸음으로 발전 없는 시인이고 끝내 눈감은 시인이다. 한동안 이 작품이 나의 대표작 행세를 하다가 시 「풀꽃」으로 대체된 일은 매우 다행스런 일이다.

나를 살리는 문장

오늘날 우리 한국 사람들은 물질적으로는 분명 잘 살고 있는 편인데, 마음으로는 많이 고달프고 힘들다고 합니다. 우울하기도 하고 불안하기도 하고 소외감에 시달린다고도 합니다. 말하자면 배가 고픈 것이 아니라 마음이 고픈 것입니다.

길

김기림

나의 소년 시절은 은빛 바다가 엿보이는 그 긴 언덕길을 어머니의 상여喪輿와 함께 꼬부라져 돌아갔다.

내 첫사랑도 그 길 위에서 조약돌처럼 집었다가 조약돌처럼 잃어버렸다.

그래서 나는 푸른 하늘빛에 호저 때 없이 그 길을 넘어 강가로 내려갔다가도 노을에 함북 자주빛으로 젖어서 돌아오곤 했다.

그 강가에는 봄이, 여름이, 가을이, 겨울이 나의 나이와 함께 여러 번 댕겨갔다. 까마귀도 날아가고 두루미도 떠나간 다음에는 누런 모래둔과 그리고 어두운 내 마음이 남아서 몸서리쳤다. 그런 날은 항용 감기를 만나서 돌아와 앓았다.

할아버지도 언제 난 지를 모른다는 동구 밖 그 늙은 버드나무 밑에서 나는 지금도 돌아오지 않는 어머니, 돌아오지 않는 계집애, 돌아오지 않는 이야기가 돌아올 것만 같

아 멍하니 기다려본다. 그러면 어느새 어둠이 기어와서
내 뺨의 얼룩을 씻어준다.

길
──
김기림

시인의 노트

　부끄럽게도 나는 이 글이 김기림 시인의 것인 줄 알지 못했다. 가수 이동원 씨가 노래를 부르러 나와 시 낭송을 했을 때 처음 알았다.

　더욱 부끄러운 것은 이 글이 애당초 시가 아니고 산문으로 쓰여졌다는 것을 알지 못했다. 시집에서 찾지 못한 글을 산문집에서 찾았다.

　그렇지만 이 글은 빼어난 산문시다. 결코 시인이 감정 과잉을 하지 않았는데도 글을 읽고 나면 저절로 감정 과잉이 된다. 눈물이 핑 돈다.

나를 살리는 문장

딸아이 생각은 신비한 에너지이고 알 수 없는 응원입니다. 나 스스로에게 주문을 걸곤 했습니다. 그렇습니다. 나에게는 아이가 있습니다. 저 아이를 보아서라도 내가 여기 이만큼서 멈추면 안됩니다. 한 발자욱만 더 가자. 가보자. 그렇게 해서 어려운 고비를 넘기곤 했습니다.

살아야겠다 — 「해변의 묘지」 일부

― 폴 발레리

바람이 분다… 살아야겠다.
세찬 바람은 내 책을 펼치고 또 덮으며
파도는 부서져 바위에서 솟아오른다!
날아가라, 눈부신 페이지들이여!
부서져라, 파도여―뛰노는 물살로 부서져라
삼각의 돛들이 먹이를 쪼고 있는 이 고요한 지붕을.

시	인	의		
			노	트

살아야겠다 —— 폴 발레리

'바람이 분다… 살아야겠다.' 오직 이 한마디를 중얼거려 본다. 그러하다. '바람이 분다… 방으로 들어가야겠다'가 아니라 '살아야겠다'이다. 인간은 그렇게 평안과 부유 앞에 병이 들고 위기나 환난 앞에 강인해지는 법. 결의를 다진다.

이 말 한마디를 얻기 위해 시인은 길고 긴 수사와 은유를 앞부분에 늘어놓은 것이다. 독자들도 이 말 한마디를 만나기 위해서 거기까지 읽어온 것이다. 그것은 우리네 인생도 마찬가지. 마지막 순간 나는 어떠한 말 한마디를 남길 것인가!

나를 살리는 문장

지금은 어리석다는 말을 듣더라도
우아하게 따뜻하게 삶을 꾸려가고 싶습니다.
한 번만이라도 사람이 사람 좋아하고
사랑하는 세상에 살아봤으면 좋겠습니다.

시월에

문태준

오이는 아주 늙고 토란잎은 매우 시들었다

산 밑에는 노란 감국화가 한 무더기 헤죽, 헤죽 웃는다
웃음이 가시는 입가에 잔주름이 자글자글하다
꽃빛이 사그라들고 있다

들길을 걸어가며 한 팔이 뺨을 어루만지는 사이에도 다른 팔이 계속 위아래로 흔들리며 따라왔다는 걸 문득 알았다

집에 와 물에 찬밥을 둘둘 말아 오물오물거리는데 눈구멍에서 눈물이 돌고 돌다

시월은 헐린 제비집 자리 같다
아, 오늘은 시월처럼 집에 아무도 없다

시월에 —— 문태준

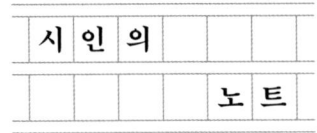

시인의 노트

   오종종하지 않고 시원시원하다. 말씨가 그렇고 언어의 바닥에 깔린 분위기가 그렇다. 필시 시를 쓴 시인의 마음이 그렇다는 것일 것이다. 선하고 부드럽고 맑은 무늬가 보인다.
   젊은 시인의 어법인데 의젓하고 어른스럽다. 나를 가르친다. 마음을 서느럽게 해준다. 하나의 정화이고 청소다. 시의 고급 기능이 여기에 있다. 마음의 찌꺼기, 구겨진 마음을 펼쳐준다.
   인간의 마음은 본래는 깨끗하고 맑은 것이었는데 이럭저럭 살다 보니 후질러지고 더러워졌다. 이것을 빨아야 한다. 마음을 빠는 데 가장 효과적인 방법이 바로 시를 읽는 일이다.

나를 살리는 문장

우리 인간은 이성적인 존재이기도 하지만 보다 많이 감성적 존재입니다. 겉으로 인간의 삶을 지배하는 건 이성적인 능력이지만 내면을 지배하는 건 감성의 능력입니다. 우리가 살면서 날마다 만나는 좋고 나쁨, 기쁘고 슬픔, 심지어 불행감, 절망감, 행복감까지 두루 이성보다는 감성이 지배하는 마음의 영역입니다.

떠나가는 배

박용철

나두야 간다
나의 이 젊은 나이를
눈물로야 보낼 거냐
나두야 가련다

아늑한 이 항군들 손쉽게 버릴 거냐
안개같이 물 어린 눈에도 비치나니
골짜기마다 발에 익은 묏부리 모양
주름살도 눈에 익은 아, 사랑하는 사람들

버리고 가는 이도 못 잊는 마음
쫓겨가는 마음인들 무어 다를 거냐
돌아다보는 구름에는 바람이 헤살짓는다.
앞대일 언덕인들 마련이나 있을 거냐

나두야 가련다
나의 이 젊은 나이를
눈물로야 보낼 거냐
나두야 간다

떠나가는 배 ─── 박용철

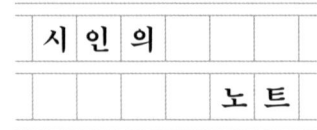

시인의 노트

용아 박용철. 그분은 전설적 문학의 시대, 『시문학』이란 잡지를 사재를 동원하여 낸 분으로 우선 유명하다. 자신의 시집보다는 동료 시인의 시집을 먼저 내준 우정의 시인으로 또 유명하다.

정작 자신은 시집을 내지 못하고 세상을 떠난 걸로 알고 있다. 시인이 내준 동료 시인의 시집은 『영랑 시집』과 『정지용 시집』. 세상에 이토록 지극한 우정의 시인이 어디 더 있겠는가!

시인은 동료인 김영랑 시인이 전라도 억양으로 읽는 자신의 시 낭독을 그렇게 좋아했다고 한다. 바로 위에 적은 작품이다. 식민지 젊은이의 시퍼런 기개가 살아있는 듯 그 푸른 숨결이 지금도 그립다.

나를 살리는 문장

시의 시대는 과연 갔는가. 젊은 세대들이 좋은 시를 읽고
정서를 가다듬고 좋아하는 이성끼리 벗과 벗끼리 시로써
자기 마음을 주고받던 꿈과 멋의 시대는 과연 사라져 갔는가.
…
우리의 아들딸들이여, 시로써 마음으로써 우리 따뜻하고
정다운 손을 맞잡읍시다. 나는 오늘 그대들을 사랑하고
또 사랑하고 그리고 믿을 수밖엔 없습니다.

서시

윤동주

죽는 날까지 하늘을 우러러
한 점 부끄럼이 없기를,
잎새에 이는 바람에도
나는 괴로워했다.
별을 노래하는 마음으로
모든 죽어가는 것을 사랑해야지
그리고 나한테 주어진 길을
걸어가야겠다.

오늘 밤에도 별이 바람에 스치운다.

서시 ─ 윤동주

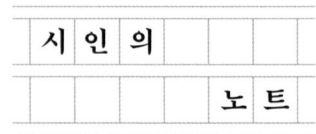

시인의 노트

    한국인이 가장 아끼고 사랑하는 시 가운데 한 편. 1941년 일제 강점기, 시집을 내고 싶었던 시인의 소망이 끝내 이루어지지 않자 필사로 시 18편을 적고 거기에 서문 형식으로 써넣은 문장이다. 처음엔 제목이 없었는데 민족 해방이 이루어진 훗날(1948년), 정음사란 출판사에서 유고 시집을 낼 때 '서시'란 이름으로 처음 발표되었다.

    누군들 안 그러랴. 이 작품 앞에서는 짐짓 숙연해진다. 지금껏 나는 어떻게 살았는가 돌아보게 되고 앞으로 어떻게 살 것인가 생각하게 된다. 반성과 각성이 함께 들어있는 시. 진정한 부끄러움을 가르쳐주는 시. 이 작품 속에는 24세 청년 윤동주의 인생관이 들어있고 그의 최후의 모습까지가 예언적으로 포함돼 있다고 볼 수 있을 것이다.

나를 살리는 문장

시를 읽기 시작한 소년 시절 이래, 시에서 배우고 느끼고 빚진 것들이 참 많습니다. 그런 점에서 시는 스승이고 시인은 고마운 동행입니다. 시가 마음의 버팀목이 되었고 부드러운 동행의 손길이 되어 나를 멀리까지 이끌어주었습니다.

어머니께

헤르만 헤세

이야기할 것이 참 많았습니다.
너무나 오랫동안 나는 객지에 있었습니다.
그러나 가장 나를 이해 해준 분은
어느 때나 당신이었습니다.

오래전부터 당신에게 드리려던
나의 최초의 선물을
수줍은 어린아이처럼 손에 쥔 지금
당신은 눈을 감고 말았습니다.

그러나 이것을 읽고 있으면
이상히도 슬픔이 씻기는 듯합니다.
말할 수 없이 너그러운 당신이, 천 가닥의 실로
나를 둘러싸고 있기 때문입니다.

어머니께 —— 헤르만 헤세

시인의 노트

아, 헤르만 헤세. 젊은 시절부터 나에게 좋은 친구였으며 좋으신 스승이었던 이름. 늘 목마른 나에게 목마르냐 물었고 그러면 이것을 좀 마셔보라며 한 잔의 물을 권하곤 했다. 지쳤느냐, 힘이 드냐, 손을 내밀어 더 멀리, 아득한 곳으로 가자고 속삭여 주곤 했다. 이 어찌 고맙지 않겠는가. 이 세상 모든 젊은 영혼보다 먼저 아프고, 먼저 헤매고 먼저 길을 찾은 그. 그가 돌아가신 어머니에게 드리는 고백은 그냥 그대로 사적인 고백이 아니라 공적인 고백으로 바뀐다. 그리하여 우리에게도 위로와 안식을 전해준다.

나를 살리는 문장

공원의 어스름 속에 마주 앉아
오순도순 이야기를 나누는 풍경은 바라보는 것만으로,
생각만으로도 가슴이 따뜻해집니다.
사랑이 무엇이고 인생이 무엇인지 굳이 따질 일이 아닙니다.

따뜻한 봄날 — 꽃구경

김형영

어머니, 꽃구경 가요.
제 등에 업히어 꽃구경 가요.

세상이 온통 꽃 핀 봄날
어머니 좋아라고
아들 등에 업혔네.

마을을 지나고
들을 지나고
산자락에 휘감겨
숲길이 짙어지자
아이구머니나
어머니는 그만 말을 잃었네.
봄구경 꽃구경 눈 감아버리더니
한 움큼 한 움큼 솔잎을 따서
가는 길바닥에 뿌리며 가네.

어머니, 지금 뭐하시나요.
꽃구경은 안 하시고 뭐하시나요.

솔잎은 뿌려서 뭐하시나요.

아들아, 아들아, 내 아들아
너 혼자 돌아갈 길 걱정이구나.
산길 잃고 헤맬까 걱정이구나.

따뜻한 봄날 —— 김형영

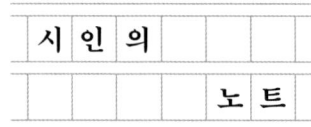
시인의 노트

　송구스럽게도 장사익 가인의 노래로 겨우 알았다. 공주에서 장사익 가인의 공연 제목이 '꽃구경'이었으니까. 시인한테 미안한 일이고 시한테 미안한 일이다.

　처음엔 화사한 봄날의 일인 줄로만 알았다. 그런데 노래를 들어보니 그게 아니었다. 가슴이 섬뜩했다. 예전, 아주 오래전의 예전, 전설처럼 있었다는 고려장을 소재로 한 시였다.

　하기는 오늘날에도 이런 사정은 없을까. 오히려 더하면 더했지 덜하지는 않을 것이다. 이래저래 마음 아픈 세상이다. 우리 제발 피차 마음을 덜 아프게 하면서 살았으면 좋겠다.

나를 살리는 문장

오늘도 나는 집으로 간다

우리는 누구나 돌아가는 사람들
하루에 한 번씩 집으로 돌아가고
고향으로 돌아가고
부모님에게로 친구들에게로 돌아가고
끝내는 영원으로 돌아가는 사람들

청포도

이육사

내 고장 칠월은
청포도가 익어가는 시절

이 마을 전설이 주저리주저리 열리고
먼 데 하늘이 꿈꾸며 알알이 들어와 박혀

하늘 밑 푸른 바다가 가슴을 열고
흰 돛단배가 곱게 밀려서 오면

내가 바라는 손님은 고달픈 몸으로
청포靑袍를 입고 찾아온다고 했으니

내 그를 맞아 이 포도를 따 먹으면
두 손은 함뿍 적셔도 좋으련

아이야 우리 식탁엔 은쟁반에
하이얀 모시 수건을 마련해 두렴

청포도 ──── 이육사

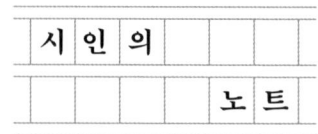

시인의 노트

  민족시인, 애국 시인, 지사 시인으로 불리는 이육사 시인에게 이런 시가 있다는 건 하나의 이변이고 기적 같은 일이다. 어쩜 이렇게도 입에 척척 달라붙는 문장이 있을까.

  그만큼 이 시는 모국어의 말맛과 리듬을 잘 살려 쓴 작품이라 하겠다. 나긋나긋 정다운 청유형의 문장 안에 살가운 인간애와 자연애의 극치를 보여주고 있다. 아, 이런 작품은 얼마나 우리의 가슴을 푸르게 했던가.

  실상 칠월은 청포도의 계절이 아니다. 그런데도 시인은 칠월을 청포도의 계절이라 말했다. 실수일까? 아니다. 음력 칠월을 말함이다. 그래서 독자들은 양력 칠월을 청포도의 계절로 인식한다. 시의 위대한 명령이다.

나를 살리는 문장

날마다의 소망도 작은 것일수록 좋습니다. 문제는 그 소망을 제대로 이루면서 사느냐 아니냐 하는 것입니다. 작은 사랑의 말을 들려드리고 싶습니다. 지금도 잘 계시지요? 네, 이쪽도 당분간은 잘 있겠습니다.

먼 길

윤석중

아기가 잠드는 걸 보고 가려고
아빠는 머리맡에 앉아 계시고,
아빠가 가시는 걸 보고 자려고
아기는 말똥말똥 잠을 안 자고.

먼 길 ——— 윤석중

시	인	의		
			노	트

    평생, 이 땅의 어린이를 위해 글을 쓰며 살았던 윤석중 시인. 굳이 이런 시를 동시라고 한구석에 밀어놓을 이유가 없다. 좋은 것은 역시 좋은 것이고 아름다운 것은 아름다운 것이다.

    귀엽고 사랑스럽다. 보이는 대로 느끼는 그대로다. 아버지와 아기. 그들의 원초적인 인간관계. 본능적인 사랑의 세상을 그렸다. 사랑 가운데서도 육친애가 가장 근본적이고 강력한 사랑이다.

    그러기에 아기는 가르쳐주지 않았어도 스스로 알게 된다. 아버지가 누구인가, 그에게 어떻게 해야 하는가. 그러함에 아버지는 또 오죽하랴. 아기와 아버지와 나누는 교감 속에 이 세상 가장 아름다운 사랑이 완성된다.

나를 살리는 문장

멀리까지, 참 멀리까지 왔습니다. 사막 같은 인생길 앞에서 막막하던 날들이 길었는데 이제는 적막한 마음뿐입니다. 뒤돌아보아도 돌아갈 수 없는 길입니다. 아닙니다. 굳이 되돌아가고 싶지 않은 길입니다. 다시 어린 날, 다시 젊은 날, 다시금 가난하고 춥고 그립고 안타깝고 따분하고, 그러고 싶지 않은 것입니다.

30년 전—1959년 겨울 ─ 서정춘

어리고, 배고픈 자식이 고향을 떴다

— 아가, 애비 말 잊지 마라
가서 배불리 먹고 사는 곳
그곳이 고향이란다

30년 전 —— 서정춘

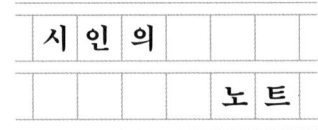
시인의 노트

    등단 30년 만에 첫 시집을 낼 정도로 과작으로 유명한 시인이다. 그런데 그 작품들이 또 짧아서 더욱 긴장을 요하는 시들이다. 짧지만 할 말은 다하고, 담아야 할 내용은 다 담은 시가 바로 이 시인의 시다.

    한 행으로 된 첫 연은 지문이고 두 번째 연은 대화문으로, 아버지의 말씀이다. 가난하기 이를 데 없는 아버지. 그렇지만 그 아버지는 인자하고 '자양'한 분이시다. 어린 자식을 보내는 말씀 속에 눈물이 스몄다.

    입에 풀칠하며 살아남는 것이 지상 목표였던 시절, 시인이 시로 쓰기 30년 전. 정확하게는 1959년 가을. 지금이라고 해서 어찌 사는 일이 널널하고 편편하기만 하겠는가. 그 아버지의 음성을 다시 듣는다.

나를 살리는 문장

나라고 어찌 살아오면서 구차하고 누추한 삶이 없었겠는가.

굴욕이며 절망이며 분노가 없었겠는가.

가슴 치며 울고 싶은 날, 무릎 꿇고 눈 감고 싶은 날,

그런 날이라도 딸아이 생각 떠올리면

스르르 용기가 솟고 힘이 생기기도 했습니다.

가을

라이너 마리아 릴케

잎이 진다, 하늘나라 먼 정원이 시들 듯
저기 아득한 곳으로 떨어진다
거부하는 몸짓으로 잎이 진다

그리고 밤에는 무거운 지구가
모든 별들로부터 고독 속으로 떨어진다

우리 모두가 떨어진다, 여기 이 손도 떨어진다
다른 것들을 보라 떨어짐은 어디에나 있다

하지만 이 한없는 추락을 부드럽게
두 손으로 받아주시는 어느 한 분이 있다

가을 ─ 라이너 마리아 릴케

시	인	의		
			노	트

　아, 나는 소년 시절 릴케의 시를 얼마나 좋아했던가. 그가 쓴 시 작품 같은 시 하나만이라도 쓰고 싶었다. 그의 모든 이야기나 생애는 나의 신화가 되었고 베일 속 비밀이 되었다. 하기야 이런 마음이 나 혼자만의 것이었으랴.

　한국인이 사랑한 시인 가운데 한 사람이었던 릴케. 언뜻 들으면 여성 같은 이름, 이름 자체가 시처럼 느껴지곤 했다. 가을의 시. 한 편의 기도이다. 마음이 멀리 간다. 맑아진다. 고개가 떨구어진다. 우리도 하나씩 낙엽이다.

나를 살리는 문장

나의 시는

하느님이 주신 최대의 선물.

세상에 남기는 최선의 선물 또한

나의 시.

감히 나는 나의 시를 두고

아름다운 세상을 꿈꿔봅니다.

감각

장 니콜라 아르튀르 랭보

나는 가리라 푸른 여름밤엔
보리 이삭이 정강이를 찌르는 오솔길 위로,
잡초 넝쿨 밟으러.
몽상가여, 나는 나의 발에
서느러운 감촉을 느끼며,
부는 바람에 한껏
머리칼을 날리며……

나는 말하지도 생각하지도 않으리.
그러나 끝없는 사랑은
가슴속에 떠오르리.
나는 가리라, 멀리멀리
떠돌이처럼,
하늘과 땅 사이를
연인과 함께 가듯 행복하게……

감각

―

장 니콜라 아르튀르 랭보

시인의 노트

    15세 나이에 벌써 시인이 된 인물. 천재 시인. 몇 년 동안 시를 쓰고 나서는 시를 집어던진 채 시치미 뚝 떼고 엉뚱한 모습으로 살다 간 시인. 그 역시 요절한 인물. 가히 천재란 이름이 어울리는 사람이다. 시인의 생애가 허무하다 해도 시는 허무하지 않다. 시인이 떠난 자리를 지켜 시는 여전히 건강하게 숨 쉬고 여전히 푸르게 자라고 있다. 시여, 앞으로도 더 오래 살아남아 있거라. 누군가 그를 두고 말했다. '바람 구두를 신은 시인'이라고.

나를 살리는 문장

더러는 흐리지만 하늘도 보고 산도 보고, 물소리, 풀벌레 소리에도 귀를 맡기면서 사람의 일로만 안달복달하지 말고 자네 안에 다락같이 쌓여 있는 쓰레기 더미들도 부리면서 가세나. 지쳐서는 안 되네. 고른 숨 쉬면서 가세나.

초혼招魂

김소월

산산이 부서진 이름이여!
허공 중에 헤어진 이름이여!
불러도 주인 없는 이름이여!
부르다가 내가 죽을 이름이여!

심중에 남아 있는 말 한마디는
끝끝내 마저 하지 못하였구나.
사랑하던 그 사람이여!
사랑하던 그 사람이여!

붉은 해는 서산 마루에 걸리었다.
사슴의 무리도 슬피 운다.
떨어져 나가 앉은 산 위에서
나는 그대의 이름을 부르노라.

설움에 겹도록 부르노라.
설움에 겹도록 부르노라.
부르는 소리는 비껴 가지만
하늘과 땅 사이가 너무 넓구나.

선 채로 이 자리에 돌이 되어도
부르다가 내가 죽을 이름이여!
사랑하던 그 사람이여!
사랑하던 그 사람이여!

초혼 ──

김소월

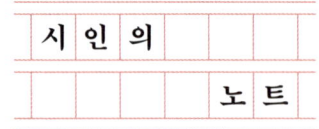

　초혼招魂이란 죽은 사람의 혼백을 부르는 행위를 말한다. 일단은 한 사람이 죽고 살아남은 한 사람이 망자亡者의 혼을 애타게 부르고 있는 구도다. 왜인가? 사랑하던 사람이라 그러하고 그 사랑이 차마 아직도 끝나지 않았음으로서 그러하다. 이것이 육신과 영혼이 나누어지는 애달픈 갈림길이다.

　이것은 차라리 통곡이요 몸부림. 이처럼 격정적인 운문의 문장이 어디 더 있을까! 살면서 나는 '이적지' 이토록 처절한 시의 문장을 더 만난 일이 없다.

나를 살리는 문장

글이란 것은 나 혼자 쓰는 것이 아니라 문장 너머 그 어떤 보이지 않는 존재와의 간절한 타협의 결과입니다. 충분히 기다리고 달래고 어른 나머지, 그러고서도 망설임 한참 뒤에 문장이 형성된다는 것을 알게 된 것은 지극히 최근의 일입니다. 마음의 결이 들여다보이는 문장이 최선의 문장이겠지요. 영혼의 그림자까지 얼비쳐 준다면 더 바랄 것이 없겠지요.

그리움

유치환

파도야 어쩌란 말이냐

파도야 어쩌란 말이냐

님은 뭍같이 까딱 않는데

파도야 어쩌란 말이냐

날 어쩌란 말이냐

그리움 —— 유치환

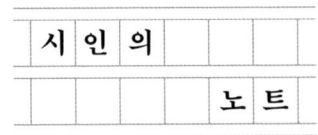

청마 유치환 시인에게는 목청이 높은 시가 있는가 하면 이렇게 섬세하고 유약한 심정을 솔직담백하게 써 내려간 작품도 있다. 그리움은 인간의 영원한 정조. 우선은 누군가를 보고 싶어 애타는 마음. 자기에게 없는 것, 상실된 것을 회복하고 싶어 하는 마음. 간절함. 서정시의 영원한 주제다.

이 시가 발표된 것은 1935년 『시원』이란 문예지. 1931년 등단하고 1939년 첫 시집을 냈으니까 그 사이에 쓰인 작품이다. 시 대상에 비추어 볼 때 이 시의 내용은 일본의 식민지 백성으로 살던 한 젊은이의 울분과 안타까움이 들었다고 할 수 있겠다.

그런데도 굳이 시인의 개인사적인 비화와 연결해 말하고 싶어 하는 건 아무래도 무리한 의도와 작업이라 할 것이다. 가령, 6·25 전쟁 당시 부산에서 피난살이 할 때의 심정을 쓴 것이라느니 어떤 여성 시인과 관련된 것이라느니 하는 소문들 말이다. 그런 스캔들이나 역사적 사실과 무관하게 그저 시로써 읽으셨으면 싶다.

나를 살리는 문장

아, 눈 감으면 선연히 망막에 어리는 백두산 천지의 짙은 에메랄드빛 물빛. 한 송이 철 이른 백일홍꽃 되어 코스모스 꽃 되어 흔들리는 집안의 아낙들, 처녀 아이들. 두루 만남의 순간이 고맙고 감회롭고녀.

4.

삶이 너에게 해답을 주리라

담쟁이 • 도종환
봄은 고양이로다 • 이장희
쉽게 쓰여진 시 • 윤동주
빈집 • 박형준
한낮에 • 이철균
풀잎 • 박성룡
바람 부는 날 • 박성룡
항아리 • 임강빈
꽃자리 • 구상
낙화 • 조지훈
꽃씨와 도둑 • 피천득
산에 언덕에 • 신동엽
감처럼 • 권달웅
술 노래 • 예이츠
달, 포도, 잎사귀 • 장만영
젊은 시인에게 주는 충고 • 릴케
행복 • 헤르만 헤세
마지막 기도 • 톨스토이
어느 무신론자의 기도 1 • 이어령

담쟁이

도종환

저것은 벽

어쩔 수 없는 벽이라고 우리가 느낄 때

그때

담쟁이는 말없이 그 벽을 오른다

물 한 방울 없고 씨앗 한 톨 살아남을 수 없는

저것은 절망의 벽이라고 말할 때

담쟁이는 서두르지 않고 앞으로 나아간다

한 뼘이라도 꼭 여럿이 함께 손을 잡고 올라간다

푸르게 절망을 다 덮을 때까지

바로 그 절망을 잡고 놓지 않는다

저것은 넘을 수 없는 벽이라고 고개를 떨구고 있을 때

담쟁이 잎 하나는 담쟁이 잎 수천 개를 이끌고

결국 그 벽을 넘는다

담쟁이 ──── 도종환

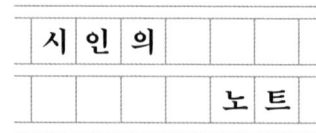

시인의 노트

　서슬 푸르고 아름다운 세상이다. 작고 힘없고 약한 것이 크고도 힘세고 강한 것을 이겨내는 곡절을 밝히고 있다. 애당초는 불가능이다. 그런데 그것이 가능함이 되었다. 승리다. 고마움이고 감사다.

　곡절 많은 인생, 냅다 주저앉고 싶어도 그러지는 말아야 한다. "호랑이가 물어가도 정신만 차리면 살아난다" 했고 "하늘이 무너져도 솟아날 구멍이 있다" 했다. 그걸 실현한 시가 바로 이 작품이다.

　한때는 「접시꽃 당신」, 「흔들리며 피는 꽃」으로 알려지고 다시 이런 작품으로 알려지니 시인으로서 운이 좋았다고 보아야 한다. 인구人口에 회자膾炙되는 한 편의 작품이 없어 시인은 끝내 슬픈 것인데 말이다.

나를 살리는 문장

오늘날 우리가 살아가는 세상,

하루하루는 그 무엇도 녹록하지 않습니다.

위태위태 살얼음판입니다.

포기하고 싶지만 포기하지 말아야 합니다.

바닥이 난 그 지점에서라도 다시 시작해야 할 것입니다.

봄은 고양이로다

이장희

꽃가루와 같이 부드러운 고양이의 털에
고운 봄의 향기가 어리우도다.

금방울과 같이 호동그란 고양이의 눈에
미친 봄의 불길이 흐르도다.

고요히 다물은 고양이의 입술에
포근한 봄 졸음이 떠돌아라.

날카롭게 쭉 뻗은 고양이의 수염에
푸른 봄의 생기가 뛰놀아라.

봄은 고양이로다 ─── 이장희

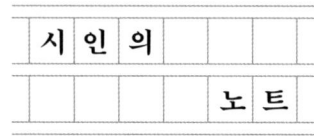

생전에 자주 만났고 가까이 따랐던 박용래 시인은 당신이 좋아하던 선배 시인들의 시를 말해주었다. 어떤 시는 줄줄이 외우기도 했다. 그런 시인 가운데 한 사람이 이장희 시인이다.

숫제 시를 줄줄이 외우고 있었다. 나아가 박용래 시인은 이장희 시인의 아호인 '고월'이란 말을 자신의 시 작품 안에 차용해 넣기까지 했다. 하지만 이장희 시인은 시집 한 권이 안 될 정도로 시의 편수가 많지 않은 시인이다.

사정이 그렇다 해도 그의 시들은 편편이 눈부시다. 천재성을 발휘하고 있다. 특히 위의 시가 그렇다. 매우 감각적이고 예각적이다. 과장도 꾸밈도 없이 단도직입으로 사물 안으로 들어가 본질을 잡아낸다. 날렵한 사냥꾼마냥.

나를 살리는 문장

예쁜 사람 앞에서는 무방비로 무너지고 마는 마음이 있습니다.

아니, 예쁜 사람이 먼저 무너지고 있습니다.

잡아주어야지. 그가 비록 어린 사람이고 철부지라 하더라도.

즐거운 너의 종이 되리니,

사랑이여. 너 언제까지나 예쁘게 웃고 있거라.

쉽게 쓰여진 시
윤동주

창밖에 밤비가 속살거려
육첩방六疊房은 남의 나라,

시인이란 슬픈 천명天命인 줄 알면서도
한 줄 시를 적어볼까,

땀내와 사랑내 포근히 품긴
보내주신 학비 봉투를 받아,

대학 노-트를 끼고
늙은 교수의 강의를 들으러 간다.

생각해 보면 어린 때 동무들
하나, 둘, 죄다 잃어버리고,

나는 무얼 바라
나는 다만, 홀로 침전沈澱하는 것일까?

인생은 살기 어렵다는데

시가 이렇게 쉽게 씌어지는 것은
부끄러운 일이다.

육첩방은 남의 나라
창밖에 밤비가 속살거리는데,

등불을 밝혀 어둠을 조금 내몰고
시대처럼 올 아침을 기다리는 최후의 나,

나는 나에게 작은 손을 내밀어
눈물과 위안으로 잡는 최초의 악수.

시인의 노트

쉽게 쓰여진 시 —— 윤동주

    필사 시집 『하늘과 바람과 별과 시』를 세 권 묶어 연희전문학교 스승인 이양하 교수와 학교 후배인 정병욱과 자신이 각각 나누어 갖고 일본 유학을 떠나 교토에 있는 도지샤同志社 대학에서 공부할 때 쓴 작품이다. 한국에 남아있던 강처중이란 연희전문 동기에게 편지와 함께 보낸 작품이라는데 편지는 사라지고 작품만 남게 되어 안타까운 심정이 없지 않다.
    시의 도입부터가 심상치 않다. 내선일체內鮮一體가 공식화되었던 그 시절 시인은 일본 땅을 '남의 나라'라고 당당하게 말하고 있다. 여간한 용기가 아니면 가능한 일이 아니다. '육첩방'이란 말도 그렇다. 육첩방이란 일본식 가옥 구조인 다다미방을 한자 발음으로 표현한 말이다. 굳이 그렇게까지 한자식 발음으로 쓴 건 왜일까? 그만큼 시인의 마음속에 민족정신이 강고하게 자리하고 있었음을 말해주는 한 증거다.
    특히 나는 시의 중간 부분 '인생은 살기 어렵다는데／ 시가 이렇게 쉽게 씌어지는 것은／ 부끄러운 일이다', 이 대목에서 머리가 다시 한번 숙여지고 나 자신 부끄러움을 느끼면서 시인의 결기에 절하게 된다.

나를 살리는 문장

이미 판이 기울었거나 나빠졌지만 거기에 멈추지 않고 다시 시작해 보자 용기를 낼 때 나오는 말이 '그럼에도 불구하고'입니다. 언제부터인가 이 말을 좋아하고 자주 써왔습니다. 그만큼 내가 처한 여러 가지 사정들이 좋지 않았던 탓일 것입니다.

빈집

박형준

개 한 마리
감나무에 묶여
하늘 본다
까치밥 몇 개가 남아 있다
새가 쪼아 먹은 감은 신발
바람이 신어 보고
달빛이 신어 보고
소리 없이 내려와
불빛 없는 집
등불

겨울밤을
감나무에 묶여
앞발로 땅을 파며 김칫독처럼
운다, 울어서
등을 말고 웅크리고 있는 개는
불씨
감나무 가지에 남은 몇 개의 이파리
흔들리며 흔들리며

새처럼 개의 눈에 아른거린다

주인이 놓고 간
신발들
빈집을 녹인다
긴 겨울밤.

빈집 ── 박형준

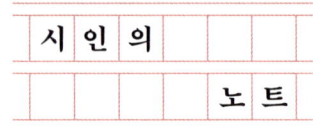

한 폭의 그림 같은 작품이다. 시인은 풍경 밖에서 안을 들여다보되 간섭을 하지 않는다. 사물들이 있는 그대로 있도록 의도적으로 방치한다. 자연을 자연 그대로 손상하지 않고 보고자 하는 시인의 꿈이다.

시인의 눈길이 스치면 자연은 그냥 그대로 자연이 아니고 인격을 갖춘 자연이 된다. 바로 의인법을 말함이다. 자연이 인간이 되고 인간이 또 자연이 되는 이러한 오묘는 시가 아니면 가능하지 못한 세계다. 분명 버려진 풍경이지만 시인에 의해 따스한 풍경, 정겨운 세상으로 다시 태어난다. 그러므로 모든 사물은 시의 문장 안에서 독립적으로 존재하면서 상호 협동하고 하나의 그림을 이룬다. 아름다운 세상이다.

나를 살리는 문장

나는 울보입니다. 기쁜 일에도 울고 슬픈 일에도 울고 아름다운 이야기에도 울고 슬픈 이야기에도 웁니다. 나는 왜 매미가 해마다 여름이 가려고 할 때쯤이면 기승을 부리며 울어대는지 그 까닭을 미처 알지 못했습니다. 얼마 남지 않은 목숨을 아끼고 사랑하기 위해서 매미가 그렇게 성화를 부리며 운다는 걸 알게 된 것은 의외로 요즈음 얼마 전입니다.

한낮에

이철균

영嶺 넘어
구름이 가고

먼 마을 호박잎에
지나가는 빗소리

나비는 빈 마당 한 구석
조으는 꽃에

울 넘어
바다를 잊어

흐르는 천년이 환한 그늘 속 한낮이었다.

한낮에 ──── 이철균

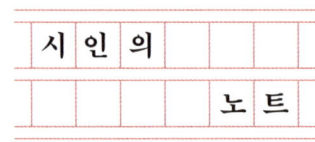
시 인 의
노 트

   이철균 시인. 전주에서 살다 세상을 떠난 시인. 그러나 시를 쓰는 사람들도 그의 이름이나 행적을 기억하는 사람은 그다지 많지 않을 것이다. 생전에 개인 시집 한 권 내지 못하고 사후에 유고 시집이 나왔을 뿐이니까.

   그만큼 적적한 일생을 사신 분이다. 그렇지만 나는 이분의 시 「한낮에」를 읽는 행운을 가졌다. 그냥 좋았다. 그래서 이 시는 내가 평생 가슴에 안고 사는 시가 되었다. 요즘 사람 표현대로라면 '꽂혔다'가 될 것이다.

   유현함이 좋았다. 공자님 표현대로라면 '교언영색'이 없음이다. 미사여구를 전혀 쓰지 않고 과장이 없음에도 모든 것을 솔직하고 과감히 말해주고 있다. 이런 시 한 편으로도 시인의 일생은 충분하다.

나를 살리는 문장

노년기에 가져야 할 마음은 옳고 그름을 판단하여 아는 시비지심, 지혜의 마음입니다. 나아갈 때를 알아서 나가고 물러설 때를 알아서 물러서는 마음.
자기가 이미 가진 것에 대해서 감사하고 만족할 줄 아는 마음도 바로 이런 마음입니다.

풀잎

박성룡

풀잎은
퍽도 아름다운 이름을 가졌어요
우리가 '풀잎' 하고 그를 부를 때에는
우리들의 입속에서는 푸른 휘파람 소리가 나거든요.

바람이 부는 날의 풀잎들은
왜 저리 몸을 흔들까요
소나기가 오는 날의 풀잎들은
왜 저리 또 몸을 통통거릴까요.

그러나, 풀잎은
퍽도 아름다운 이름을 가졌어요.
우리가 '풀잎' '풀잎' 하고 자꾸 부르면
우리의 몸과 맘도 어느덧
푸른 풀잎이 돼 버리거든요.

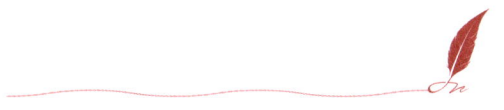

풀잎 —— 박성룡

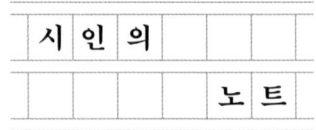

시인의 노트

사랑스러운 시. 시인은 '풀잎'을 가리켜 '퍽도 아름다운 이름을 가졌다'고 썼지만 내가 보기엔 이 시를 쓴 시인의 마음이 오히려 '퍽도 순결하고 아름답고 귀여운 마음을 가졌다'고 생각된다. 그렇지 않고서는 이렇게 맑고도 어여쁜 시를 쓸 수는 없는 일. 시를 읽으면서 나도 예쁜 아이가 되어보기로 한다. 아니다. 풀잎이 되어보기로 한다. 시에는 그런 매직이 숨어 있다.

나를 살리는 문장

운다는 것은 좋은 일입니다.
눈물 흘린다는 것은 더욱 좋은 일입니다. 울음으로 마음속 응어리를 삭일 수 있고 수 있고 눈물로 마음속 고통과 슬픔을 풀어낼 수 있기 때문입니다. 울음과 눈물은 우리를 착하고 조그만 인간으로 만들어주고 가난한 인간으로 만들어줍니다. 자기 자신을 돌아보게도 합니다.

바람 부는 날
박성룡

오늘따라 바람이
저렇게 쉴 새 없이 설레고만 있음은
오늘은 내가
내게 있는 모든 것을 여의고만 있음을
바람도 나와 함께 안다는 말일까.

풀잎에
나뭇가지에
들길에 마을에
가을날 잎들이 말갛게 쓸리듯이
나는 오늘 그렇게 내게 있는 모든 것을
여의고만 있음을
바람도 나와 함께 안다는 말일까.

아 지금 바람이
저렇게 못 견디게 설레고만 있음은
오늘은 또 내가
내가 잃은 모든 것을 되찾고 있음을
바람도 나와 함께 안다는 말일까.

바람 부는 날 —— 박성룡

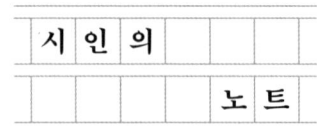
시인의 노트

　맑고 깊고 푸른 심성을 시로 쓴 시인 박성룡. 한 시절 한국 시단엔 '쓰리 박'이란 말이 있었다. 박재삼, 박성룡, 박용래를 이르는 말이었다. 그만큼 그 세 사람의 박씨 성을 가진 시인들은 좋은 시를 썼다는 얘기다.

　현실의 삶이나 주장에 초연한 듯하면서 사물과 세상의 삶에 무심하지 않은 박성룡 시인의 시가 좋았다. 어느 시를 읽든지 초록빛 물감이 입속을 통해 전신에 번지는 듯했다.

　이 또한 시가 주는 묘한 효과와 어쩌면 조용한 흥분 같은 것. 나 아닌 나로 바꾸는 순간. 시는 그렇게 최면의 효과가 있다. 이 시를 읽고 푸른 잎처럼 되어보는 것은 매우 즐거운 일이고 유익한 일이다.

나를 살리는 문장

사랑아, 너 그냥 그 자리에서 있거라. 가까이 오려고 애쓰지 말아라. 웃고만 있거라. 강건하여라. 울지 말아라. 지치지 말아라. 우리는 헤어져 있어도 헤어져 있는 것이 아니란다. 멀리 살아도 언제나 만나고 또 만나는 것이란다. 하늘에 바람결에 소식 띄운다.

항아리

임강빈

크고 작은 숱한 항아리 옆
민들레가 피었다.

솔 한 그루
굽어보듯 서 있는

그림 같은
애정.

무엇이나
가득히 담아주고 싶도록

그토록 하늘마다 향한
둥그런 문.

아아
나도

항아리 옆에서 피어가는
노을이 되고 만다.

항아리 —— 임강빈

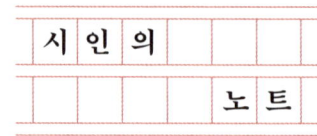
시인의 노트

    공주에서 태어나 공부하고 대전 지역에서 살면서 시 하나만을 신앙처럼 쓰면서 살다가 세상을 떠난 시인이 바로 임강빈 시인이다. 충청도를 선비의 고장이라고 한다면 그 대표적인 인물이 또 임강빈 시인이다.

    정말로 시와 인간이 닮았다. 과묵하고 그윽하고 향기롭기가 오랜 옛적의 그림 한 폭만 같다. 처음부터 그랬다. 평생 그것이 유지됐다. 이만한 일관이 드물다. 시인은 그렇게 아득한 길을 말없이 걸어갔다.

    데뷔작 가운데 한 편이다. 시골집 어디서나 찾아볼 수 있는 장독대 풍경인데 그 단순한 풍경을 가지고 자신의 일생을 내다보듯 머나먼 문장을 펼쳤다. 조금은 조숙한 시혼이 심원한 세계에 청춘을 던지고 있다.

나를 살리는 문장

진정 추억을 쓰고 싶었습니다.

세상을 살아가면서 나에게 남겨진 기억,

그 가운데서도 가장 아름다운 기억들을

될수록 솔직하면서 아름답게 쓰고 싶었습니다.

꽃자리

구상

반갑고 고맙고 기쁘다

앉은 자리가 꽃자리니라!

네가 시방 가시방석처럼 여기는
너의 앉은 자리가
바로 꽃자리니라

반갑고 고맙고 기쁘다.

꽃자리 ── 구상

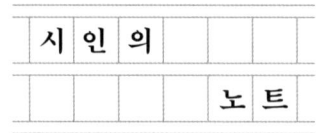

인생의 요체는 무엇일까? 늙은 스승은 말한다. 아주 오래 전부터 말하고 오늘날에도 여전히 말한다. 되풀이하시는 말씀이다.

기뻐하라. 즐겨라. 공자님 말씀을 시인도 따라서 하신다. 오상순 시인이 먼저 말씀하시고 구상 시인이 그 말을 외워 두었다가 다시 말한다.

반가워하고 고마워하고 기뻐하라. 혼자서만 그러지 말고 서로 그렇게 하라. 한 번만 그렇게 하지 말고 계속해서 언제나 그렇게 하라.

나를 살리는 문장

사람이 어찌 꿈꾸는 마음 없이 사람일 수 있을까?
사랑하는 마음 없이 사람일 수 있을까?
적어도 나에게 꿈꾸는 마음과 사랑하는 마음은
생명을 지탱해 주는 영혼의 양식과 같은 것.

낙화

조지훈

꽃이 지기로서니
바람을 탓하랴.

주렴 밖에 성긴 별이
하나둘 스러지고,

귀촉도 울음 뒤에
머언 산이 다가서다.

촛불을 꺼야 하리
꽃이 지는데,

꽃 지는 그림자
뜰에 어리어,

하이얀 미닫이가
우련 붉어라.

묻혀서 사는 이의

고운 마음을,

아는 이 있을까
저어하노니,

꽃이 지는 아침은
울고 싶어라.

낙화 —— 조지훈

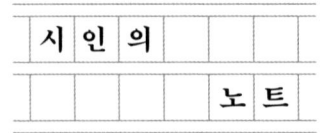

한국의 시 작품 가운데에는 유명한 '낙화' 시 두 편이 있다. 한 편은 조지훈 시인의 「낙화」요, 한 편은 이형기 시인의 「낙화」다. 두 편 모두 참 아름다운 정조를 다루고 있으면서도 서로 다른 면을 지니고 있다. 화이부동 和而不同이라 그럴까. 여기서는 조지훈 시인의 낙화.

시대가 좀 빠르다. 일제 침략기, 힘든 시기. 그것도 일본이 제2차 대전을 벌여 세상이 끝장으로 치달을 때. 시인은 이것저것 세상일 보기 싫어 아예 강원도 월정사란 절로 스며들어 그곳 불교 강원의 강사로 일하고 있을 때의 작품이다.

나를 살리는 문장

생각해 보면 인생이란 기억으로 점철된 그 무엇이라고 말할 수 있겠습니다. 누구든 자신의 인생, 지난날들을 차근히 한번 뒤돌아보십시오. 과연 무엇이 남았다 하는가? 물건인가 그 어떤 행동인가? 흐릿한 대로 아련한 기억과 기억을 따라다니는 소리와 빛깔의 자취만이 그 주변을 맴돌 것입니다.

꽃씨와 도둑

피천득

마당에 꽃이
많이 피었구나

방에는
책들만 있구나

가을에 와서
꽃씨나 가져가야지.

꽃씨와 도둑 —— 피천득

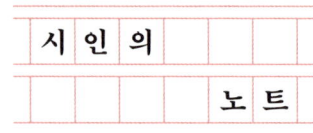

시인의 노트

수필가로 널리 알려진 피천득이란 분은 우리나라 1세대 수필가 가운데 한 사람이지만 탁월한 서정시인이기도 한 분이었다. 그러니까 수필을 쓰는 마음으로 시를 쓰고 시를 쓰는 마음으로 수필을 썼던 분이다.

그분 시 가운데 아름다운 시 한 편. 조그만 동화 같은 이야기가 들어있다. 구구한 설명이 무슨 소용이랴. 도둑도 인간이다. 도둑질하러 왔지만 집 안에 훔쳐 갈 만한 물건이 없음에 꽃씨나 훔쳐가겠다 한 그 마음.

시인의 마음이다. 시인이 그렇게 생각한 것이다. 악한 일을 앞에 두고서도 선으로 바꾸어 해석하는 시인의 지극히 선한 마음이 있기에 이 시는 잔잔한 미소와 함께 우리에게 기쁨을 선사하는 것이다. 오래도록.

나를 살리는 문장

일 년의 시작이 봄에 있고 일생의 봄은 소년에게 있습니다. 그러기에 소년들을 응원하곤 합니다. 그래그래 너희들은 지금 잘하고 있는 거야. 오늘은 모자라더라도 내일은 훨씬 좋아질 거야.

산에 언덕에

신동엽

그리운 그의 얼굴 다시 찾을 수 없어도
화사한 그의 꽃
산에 언덕에 피어날지어이.

그리운 그의 노래 다시 들을 수 없어도
맑은 그 숨결
들에 숲속에 살아갈지어이.

쓸쓸한 마음으로 들길 더듬는 행인아,

눈길 비었거든 바람 담을지네.
바람 비었거든 인정 담을지네.

그리운 그의 모습 다시 찾을 수 없어도
울고 간 그의 영혼
들에 언덕에 피어날지어이.

산에 언덕에 ──── 신동엽

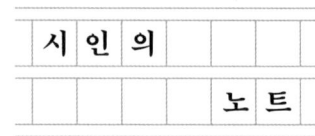
시 인 의 노 트

'금강의 시인'이란 말을 듣는 시인이다. 시인의 장시 「금강」으로 해서 생긴 이름이다. 치렁치렁하고 유려한 시풍이다. 차라리 설화를 담고 흘러가는 시이다.

하지만 이 시만은 다르다. 아담하고 고즈넉하다. 오래된 옛 마을에 혼자서 들어선 느낌이다. 어디선가 아는 사람이라도 나와서 악수라도 청할 듯한 분위기.

그러기에 이 시는 부여의 금강 변 나성지에 세워진 시인의 시비에 새겨진 시다. 시인이 돌아가고 나서 서둘러 시인의 지인과 제자들이 푼돈을 모아 세운 조촐한 시비다. 많은 참배객들이 시인을 찾아온다.

나를 살리는 문장

이미 오래전에 살았던 시인들은 자신의 인생에서 가장 좋은 느낌이며 생각들을 시라고 하는 아주 짧고도 명료한 문장 형태로 남겼습니다. 후세를 위한 아름다운 선물이지요.

감처럼

권달웅

가랑잎 더미에는
서리가 하얗게 내리고
훤한 하늘에는
감이 익었다

사랑하는 사람아
긴 날을 잎 피워온
어리석은 마음이 있었다면
사랑하는 사람아
해지는 하늘에
비웃음인 듯 네 마음을
걸어놓고 가거라
눈웃음인 듯 내 마음을
걸어놓고 가거라

찬서리 만나
빨갛게 익은 감처럼

감처럼 —— 권달웅

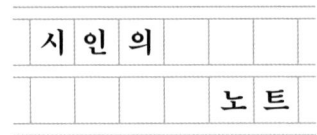

인생은 때로는 후회의 집적이다. 회한이다. 왜 그때는 그러지 못했을까? 왜 충분히 잘해내지 못했을까? 인생은 어리석은 날들의 기록이다.

하지만 그런 날들에도 남는 것이 있고 보람이 있게 마련이다. 결핍의 축복이다. 나쁜 일, 힘든 일이 있기에 좋은 일, 성취도 있는 것이다.

그런 점에서 인생은 누구에게나 공평한 것인지도 모른다. 어떤 한 사람에게만 좋은 것을 몰아주시지 않는 하나님. 공평한 하나님이시다.

나를 살리는 문장

그 사랑이 분명 당신을 위해 길이 되고 등불이 되고 내일을 여는 꿈이 될 것입니다. 기어코 그 사랑이 세상의 길이 되고 등불이 되고 꿈이 될 것을 믿어야 합니다.

술 노래

윌리엄 버틀러 예이츠

술은 입으로 들어오고
사랑은 눈으로 들어온다

사람이 죽기 전에
알아야 할 것은 오직 이것뿐

나는 지금도 술잔에 입술을 대고
너를 바라보며 눈물을 글썽이고 있다

술 노래 ―― 윌리엄 버틀러 예이츠

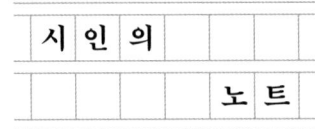

아일랜드 출신으로 노벨문학상을 수상한 시인. 시인에게는 더 유명한 작품이 있지만 나는 단연 이 시를 선택한다. 처음 제목으로만 읽으면 술에 대한 시라는 느낌이 들지만 읽다 보면 술은 사랑으로 바뀐다. 참 오묘한 느낌.

어찌 이런 좋은 문장을 외우지 않을 수 있으랴. 외우다 보면 사랑의 마음이 전해지면서 코끝이 찡해진다. 그렇다. 술은 입으로 들어오지만 사랑은 눈으로 들어온다. 이것을 잊지 말자. 우리로 하여금 사랑은 영혼의 일이라 가르친다.

나를 살리는 문장

가끔은 영혼에 대해서 생각해 볼 때가 있습니다. 인간에게 영혼이 있는가? 분명 인간에게 영혼이 있다고 생각합니다. 육체는 죽어도 결코 죽을 수 없는 그 무엇. 인간의 내부에만 있는 그 어떤 부분. 인간의 가장 은밀한 곳에 숨어 있을 그 무엇. 나는 그것을 믿곤 합니다.

달, 포도, 잎사귀

장만영

순이, 벌레 우는 고풍한 뜰에
달빛이 밀물처럼 밀려 왔구나

달은 나의 뜰에 고요히 앉아 있다
달은 과일보다 향그럽다

동해바다 물처럼
푸른
가을
밤.

포도는 달빛이 스며 고웁다.
포도는 달빛을 머금고 익는다.

순이, 포도넝쿨 밑에 어린 잎새들이
달빛에 젖어 호젓하고나!

달, 포도, 잎사귀 ──── 장만영

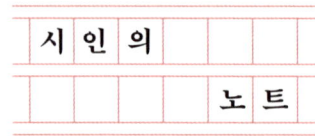

매우 사랑스런 시인이다. 일찍이 황해도 연백에서 부유한 집안의 외아들로 태어나 김억에게 시를 배웠고 김기림, 신석정과 교유하면서 한평생 시를 썼다. 전형적인 로맨티스트. 그러나 정서는 도회적이었다.

위의 시가 바로 그 도시인의 눈으로 보고 느끼는 자연의 풍광이다. 그대로 한 장의 그림엽서. 흔히들 시인의 시를 애상적이라 말하기도 하지만 이 시만은 전혀 그렇지 않다. 감정이 적정 수준 절제되어 있다.

마음이 멀리 간다. 한 번도 가보지 못한 곳으로 가서 한 번도 만나지 못한 것들을 보고 듣게 한다. 기교적이지만 기교가 눈에 거슬리지 않는다. 청소년 시절, 이 시는 내 마음의 길잡이 가운데 한 편이었다.

나를 살리는 문장

가다보면 지치고 다리도 저리겠지
그러나 가야 하리 그대 떠나야 하리
풀잎에 이는 바람으로 달밤의
시냇물 소리로 주린 배를 채우러
더럽혀진 귀와 눈을 씻으러.

젊은 시인에게 주는 충고
― 라이너 마리아 릴케

마음속에서 풀리지 않는 고민에 대해
인내함을 가져라.
고민 그 자체를 사랑해라.
지금 당장 답을 얻으려 말라.
지금 당장 주어질 순 없으니까.
중요한 건
모든 것 그대로 살아보는 일이다.
지금 그 고민들과 더불어 살라.
그러하면 언젠가 미래에
너 스스로도 알지 못하는 그 시간에
삶이 너에게 답을 가져다줄 것이리니.

젊은 시인에게 주는 충고 ── 라이너 마리아 릴케

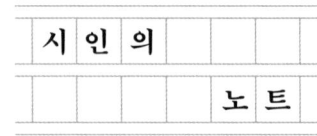

시인의 노트

나의 소년 시절, 헤세 다음에 좋았던 시인은 라이너 마리아 릴케였다. 시의 문장으로서 가장 높은 신비의 봉우리에 이르렀으며 세계인들에게도 그것을 안내해 준 시인.

헤세와 더불어 박목월 선생의 저서를 통해서 알게 되었다. 시인을 지망하면서 눈앞이 어두워졌을 때 이런 문장은 밝은 이정표를 제공해 준다. 아니다. 인생 자체의 안내자가 되어준다. '삶이 너에게 해답을 가져다줄 것이리니.' 이런 문장의 축복 말이다.

나를 살리는 문장

돈과 물질 위에 아스라이 높이 있는 것.
그것을 위해서라도 인간은 살고 있습니다.
더욱 치열하게 삽니다.
때로는 그것을 사랑이라 불러봅니다.

행복

헤르만 헤세

행복을 찾아 헤매는 동안
그대는 행복해질 준비가 되어 있지 않다
가장 사랑하는 것들이 모두 그대 것일지라도

이미 잃어버린 것을 안타까워하는 동안
그대는 목표를 가지고 쉼 없이 달리지만
무엇이 평안인지 알지 못한다

모든 소망을 단념하고
목표와 욕망도 잊어버린 채
행복에 대해 더는 말하지 않을 때

행위의 물결이 그대 마음에 닿지 않고
그대 영혼은 비로소 쉬게 될 것이다.

행복 ── 헤르만 헤세

시	인	의		
			노	트

　행복은 인류 공통의 영원한 화두다. 그런 가운데 헤르만 헤세의 생각. 서양 사람이면서 동양적인 사유를 사랑했고 명상과 고요와 영성을 두루 지녔던 헤세. 그가 밝히는 행복관. 어쩌면 헤세의 행복관은 행복에만 한정된 것이 아니고 인생 전반으로 확대 재생산되는지도 모르겠다.

　의도하면 오히려 본질이 흐려지고 그 자체가 잘 이루어지지 않는다는 것. 예를 들어 야구에서 타자들이 홈런을 의식하면 오히려 볼이 빗맞고 자유롭게 볼을 쳤을 때 홈런이 나오는 것처럼 말이다. 굳이 염원하지 않을 때 행복이 온다는 것. 한 수 배울 일이다.

나를 살리는 문장

그대여, 그대도

돌아가기 바란다

영원으로 돌아가기 앞서

날마다 날마다 그대 집으로 돌아가

그대 편안한 잠을 찾기 바란다.

마지막 기도

레프 니콜라예비치 톨스토이

슬픔 속에서 잠자리에 들고
똑같은 슬픔 속에서 잠을 깬다.
나는 모든 걸 견딜 수가 없어
비 맞으며 여기저기를 걸어 다녔다.
아버지여,
모든 생명의 근원이시여,
우주의 영이여,
생명의 샘물이여,
나를 도우소서.
내 삶의 마지막 며칠, 마지막 몇 시간만이라도
당신께 봉사하며 당신만을 바라보며
살 수 있도록 나를 도우소서.

마지막 기도 ─ 레프 니콜라예비치 톨스토이

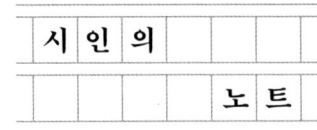

시인의 노트

   몇 년 전 나는 푸시킨과 톨스토이를 찾아 러시아 여행을 감행한 일이 있다. 톨스토이의 저택을 모스크바에서 만났다. 저택의 규모에도 놀랐지만 정작 톨스토이가 생전에 입었다는 털외투를 보고 놀랐다. 내 몸의 두 배쯤 되는 스케일이었다.

   '러시아에는 두 개의 권력이 있다. 하나는 차르이고 또 하나는 톨스토이다.' 한때 그런 말이 있을 정도로 민중적인 지지가 높았던 소설가. 그대로 거인이다. 생전에 독실한 크리스천이기를 소망했다고 한다. 그러하기에 이런 기도시를 남겼을 것이다.

나를 살리는 문장

당신이 오늘 세상에서 가장 잘한 일은 무엇인가를 슬퍼하기도 하고 누군가를 위해 좋은 마음을 갖기도 하고 조그만 일에 정성을 다한 일입니다. 숨어서 기도를 한 일입니다.

어느 무신론자의 기도 1

이어령

하나님
당신의 제단에
꽃 한 송이 바친 적이 없으니
절 기억하지 못하실 겁니다

그러나 하나님
모든 사람이 잠든 깊은 밤에는
당신의 낮은 숨소리를 듣습니다
그리고 너무 적적할 때 아주 가끔
당신 앞에 무릎을 꿇고 기도를 드립니다

하나님
어떻게 저 많은 별들을 만드셨습니까
그리고 처음 바다에 물고기들을 놓아
헤엄치게 하셨을 때
저 은빛 날개를 만들어
새들이 일제히 날아오를 때
하나님도 손뼉을 치셨습니까

아, 정말로 하나님

빛이 있어라 하시니 거기 빛이 있더이까

사람들은 지금 시를 쓰기 위해서

발톱처럼 무딘 가슴을 찢고

코피처럼 진한 눈물을 흘리고 있나이다

모래알만 한 별이라도 좋으니

제 손으로 만들 수 있는 힘을 주소서

아닙니다 하늘의 별이 아니라

깜깜한 가슴속 밤하늘에 떠다닐

반딧불만 한 빛 한 점이면 족합니다

좀 더 가까이 가도 되겠습니까

당신의 발끝을 가린 성스러운 옷자락을

때 묻은 손으로 조금 만져 봐도 되겠습니까

아 그리고 그것으로 저 무지한 사람들의

가슴속을 풍금처럼 울리게 하는

아름다운 시 한 줄을 쓸 수 있도록
허락해 주시겠습니까

하나님

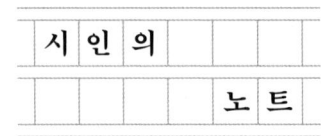

 이어령이란 이름에 대해선 두 번 말할 필요도 없다. 우선은 문학평론가, 에세이스트, 소설가, 문화행정가, 잡지 편집인. 그리고 시인. 또 무슨 무슨 역할을 더 적어야 하나. 종합선물세트 같은 분이다. 이분이 시집을 냈다. 놀라운 일이다. 『어느 무신론자의 기도』.

 위의 시는 시집의 표제가 된 작품. '무신론자'라 했지만 이미 무신론자가 아니다. 통상 '하느님'이라고 부르면 기독교 신자가 아닌 사람이 '하늘에 계신 분'을 부르는 말이고 '하나님'이라고 부르면 이미 기독교 신자인 사람이 하느님을 부르는 말이다. 그러므로 이 시인은 이미 기독교 신자이며 무신론자가 아니다. 과거 무신론자였다는 하나의 고백이다.

 절절한 기도문이다. 반짝이는 기도문이다. 아이같이 호기심 많은 기도문이다. 분명 하나님도 그런 기도를 들으시고는 빙그레 웃으셨을 것이다. '그래, 그래, 내가 안다. 오래전부터 내가 너를 알고 있었고 네가 나를 인정하고 선택하기 전부터 나는 너를 인정하고 선택했단다. 너의 영광이 나의 영광이고 너의 슬픔이 나의 슬픔이란다.' 역시 고마우신 하나님이다.

나를 살리는 문장

가끔 내게도 세상살이는 아귀가 맞지 않고 힘이 부칠 때가 있습니다. 그렇지만 나는 그마저도 견딜만 하고 의미가 있나고 생각했습니다. 언제나 나의 삶과 이웃들의 삶은 나에게 하나의 커다란 축복이요 기쁨이었으니까요.

출처

느린걸음
박노해, 「그 겨울의 시」, 『그러니 그대 사라지지 말아라』

문학과지성사
박준, 「우리들의 천국」, 『우리가 함께 장마를 볼 수도 있겠습니다』
정현종, 「방문객」, 『광휘의 속삭임』
정현종, 「섬」, 『나는 별 아저씨』
최승자, 「그리하여 어느 날, 사랑이여」, 『즐거운 일기』

배문사
송영택, 「소녀상」, 『시와 시인』

오늘의문학사
임강빈, 「항아리」, 『임강빈 시전집』

창작과비평사
박형준, 「빈집」, 『물속까지 잎사귀가 피어있다』
이병률, 「사랑의 역사」, 『바람의 사생활』

황금알
서정춘, 「30년 전」, 『죽편』

한국음악저작권협회
정중식, 「나는 반딧불」
루시드 폴, 「물이 되는 꿈」

이 책에 실린 시들은 한국문예학술저작권협회, 함석헌기념사업회, 출판권을 가진 출판사, 작가와의 연락 등을 통해 저작권자의 동의를 얻었습니다. 저작권자를 찾기가 어려워 부득이하게 허락을 받지 못하고 수록한 작품에 대해서는 추후 저작권이 확인되는 대로 적법한 절차를 진행하겠습니다.